JUL 0 2 2012

D1572124

Dale Carnegie

Withdrawn/ABCL

Superar las preocupaciones
y el estrés

EDICIONES OBELISCO

Si este libro le ha interesado y desea que le mantengamos informado
de nuestras publicaciones, escríbanos indicándonos qué temas son de su interés
(Astrología, Autoayuda, Ciencias Ocultas, Artes Marciales, Naturismo,
Espiritualidad, Tradición...) y gustosamente le complaceremos.

Puede consultar nuestro catálogo en www.edicionesobelisco.com

Colección Éxito
SUPERAR LAS PREOCUPACIONES Y EL ESTRÉS
Dale Carnegie

1.ª edición: febrero de 2012

Título original: *Overcoming Worry and Stress*
Traducción: *Pablo Ripollés*
Corrección: *M.ª Jesús Rodríguez*
Diseño de cubierta: *Enrique Iborra*

© Dale Carnegie Associates
Exclusive worldwide rights in all languages licensed exclusively
by JMW Group Inc., Larchmont, New York, USA.
TM Owned by Dale Carnegie Associates.
(Reservados todos los derechos)
© 2012, Ediciones Obelisco, S. L.
(Reservados los derechos para la presente edición)

Edita: Ediciones Obelisco, S. L.
Pere IV, 78 (Edif. Pedro IV) 3.ª planta, 5.ª puerta
08005 Barcelona - España
Tel. 93 309 85 25 - Fax 93 309 85 23
E-mail: info@edicionesobelisco.com

Paracas, 59 C1275AFA Buenos Aires - Argentina
Tel. (541-14) 305 06 33 - Fax: (541-14) 304 78 20

ISBN: 978-84-9777-809-1
Depósito Legal: B-294-2012

Printed in Spain

Impreso en España en los talleres gráficos de Romanyà/Valls, S.A.
Verdaguer, 1 - 08786 Capellades (Barcelona)

Reservados todos los derechos. Ninguna parte de esta publicación, incluido el diseño
de la cubierta, puede ser reproducida, almacenada, transmitida o utilizada en manera
alguna por ningún medio, ya sea electrónico, químico, mecánico, óptico,
de grabación o electrográfico, sin el previo consentimiento por escrito del editor.
Diríjase a CEDRO (Centro Español de Derechos Reprográficos, www.cedro.org)
si necesita fotocopiar o escanear algún fragmento de esta obra.

Prólogo

Todos nos preocupamos. Muchas de estas preocupaciones son de corta duración y se esfuman sin mucho esfuerzo. Pero cuando la preocupación persiste, nos puede privar de nuestra vitalidad, entusiasmo y energía y puede dar lugar a crisis físicas y mentales. Los médicos hacen notar que la preocupación crónica está detrás de numerosas enfermedades, como el asma, las alergias, los problemas cardíacos, la tensión arterial alta y un sinnúmero de trastornos más que son demasiado numerosos para mencionarlos aquí.

La mente preocupada está confusa y dividida, y piensa sin ningún propósito en un montón de cosas que no son verdad. Podemos alejar la preocupación entrenando nuestra mente para centrarnos en la armonía, la paz, la belleza, el bien, el amor y el entendimiento a base de sustituir los pensamientos negativos por otros constructivos.

La preocupación transmuta la luz de nuestras vidas en tinieblas. La única forma de vencer la oscuridad es encender la luz. Ésta disipa las tinieblas como el sol disipa la neblina. Cuando nos asalta la preocupación, todo lo que tenemos que hacer es encender la luz en nuestra mente. Debemos recordarnos a nosotros mismos que somos lo bastante fuertes para superar los problemas que nos preocupan. Debemos reafirmar nuestra fe en nosotros mismos. Debemos aprender a vencer nuestras preocupaciones y a verlas a la luz de la razón, a diseccionarlas y cortarlas en pedacitos y preguntarnos a nosotros mismos: «¿Son reales? ¿De dónde vienen? ¿Tienen algún poder? ¿Hay algún principio detrás de ellas?». Debemos hacerles frente con pensamientos racionales. Eso disipará nuestras preocupaciones y nos ayudará a darnos cuenta de que sólo son sombras en nuestra mente, sombras falaces e ilusorias. No son una realidad, sólo sombras en la mente.

Una sombra no tiene poder; y, como la preocupación es una sombra en nuestra mente, no es real, no hay principios ni verdades detrás de ella. No tiene sentido preocuparse por sombras que no son reales.

Debemos reemplazar la preocupación por pensamientos positivos y repetir esos pensamientos una y otra vez hasta que la mente se haga con la verdad, que nos hace libres y nos ayuda a avanzar.

Todo ello requiere cierto esfuerzo, pero podemos hacerlo. Debemos estar decididos a hacerlo. Debemos decirnos a nosotros mismos: «Voy a superar esto. Voy a enfrentarme a ello. Es sólo una sombra en mi mente, y no voy a darle poder a las sombras».

En este libro pasaremos revista a las muchas cosas que nos preocupan. Examinaremos las preocupaciones derivadas de nuestra vida doméstica y nuestro trabajo. Hablaremos de cómo hacer frente al estrés, evitar el desgaste profesional y desarrollar y mantener una actitud mental positiva que nos permita reemplazar nuestras preocupaciones por pensamientos y actos afirmativos.

Para obtener el máximo provecho de este libro, primero léelo seguido una vez para asimilar el concepto global del manejo de la preocupación y el estrés, y luego relee los capítulos de uno en uno y empieza a aplicar sus directrices en cada una de las áreas tratadas.

No podemos estar nunca totalmente libres de preocupaciones, pero podemos minimizar sus efectos negativos y convertirlas en acción positiva que nos haga más felices y enriquezca nuestras vidas.

Dr. ARTHUR R. PELL
Editor

Capítulo 1

Los riesgos de la preocupación

¿Cuán a menudo nos habremos despertado en mitad de la noche con un sudor frío, preocupándonos por algún problema que teníamos que abordar al día siguiente o incluso en el futuro? ¿Con qué frecuencia nos hemos detenido de pronto en medio de una actividad alegre y nos hemos puesto a pensar en un problema que nos angustiaba?

No es probable que ningún hombre o mujer haya dejado de notar esas punzadas de preocupación repetidas veces.

Sin embargo, si miramos retrospectivamente semanas o meses después los asuntos que tanto nos preocupaban, con frecuencia descubrimos que ese problema que nos quitaba el sueño o convertía nuestra alegría en ansiedad nunca surgió o fue mucho menos grave de lo que habíamos temido.

Nunca se ha solucionado ningún problema por medio de la preocupación. Si canalizáramos la energía que usamos en ella (y la preo-cupación consume mucha energía) en enfoques constructivos para resolver nuestra inquietud en lugar de darle vueltas, venceríamos nuestros miedos y nuestra agitación y seríamos personas más sanas y felices.

Ésta no es una idea nueva. Filósofos y profetas de todas las épocas la han expresado de diversas maneras. Dale Carnegie, en su libro *Cómo dejar de preocuparse y empezar a vivir*, abordó este problema a fondo. Algunas de las sugerencias de este libro pueden ayudar a la mayoría de nosotros a ver con perspectiva los motivos de nuestra preocupación.

Tres maneras de minimizar las preocupaciones

Es fácil decirle a alguien que deje de preocuparse, pero hacerlo realmente ya es harina de otro costal.

Aquí tienes unos consejos que suelen ser de ayuda:

1. Cuando te enfrentes a un problema preocupante, no le des vueltas y más vueltas sin parar. Enfréntate a él de una vez por todas y toma una decisión. La mayor parte de la preocupación está causada por la indecisión.

   Una vez tomada la decisión, atente a ella. No siempre será la correcta, pero cualquier acción positiva suele ser mejor que no hacer nada en absoluto. No cometas el error de no esperar nunca cometer errores.

2. Decide dónde acaba el pensamiento y comienza la preocupación.

   Recuerda que preocuparse no es lo mismo que pensar. El pensamiento lúcido es constructivo; la preocupación es destructiva.

3. Si hay algo que puedas hacer para resolver un problema que te está fastidiando, hazlo. Deberías dar todos los pasos posibles para superarlo de modo que ya no te preocupe más.

   Varios miembros de un centro para personas de la tercera edad de Nueva York estaban preocupados ante la posibilidad de ser atracados en sus trayectos hacia y desde el mismo. El constante temor mantenía a muchos de ellos confinados en sus solitarias habitaciones y otros que sí salían del centro lo hacían con gran ansiedad. Uno de los ancianos reconoció que esta preocupación les estaba consumiendo a todos ellos pero que nadie hacía nada al respecto, excepto seguir preocupándose. Así que decidió dejar de pensar y ponerse en acción. El resultado fue un acuerdo entre varios hombres y mujeres para caminar juntos por la «zona de peligro» a una hora específica cada día. El pensamiento constructivo, en lugar de la destructiva ansiedad, fue lo que solucionó el problema.

ↄ

Cuando te enfrentes a un problema, pregúntate: «¿Qué es lo peor que me podría ocurrir?». Luego prepárate para aceptar lo peor; e intenta mejorarlo.

Dale Carnegie
ↄ

Usa las leyes de la estadística

Cuando Mike acabó el instituto, al igual que muchos jóvenes de su generación, decidió recorrer a dedo Estados Unidos. Su madre se puso frenética. Se quedaba levantada por la noche preocupándose por todas las cosas malas que podían sucederle. Le podían matar o secuestrar, podía caer en una zanja, ser arrestado, ponerse enfermo, frecuentar malas compañías, etcétera. No durmió apenas durante semanas, no comía y era incapaz de disfrutar de ningún aspecto de su vida. Lo único que hacía era preocuparse.

Le pidió consejo a una vieja amiga, quien le recordó que muchos miles de jóvenes han hecho lo mismo. ¿Cuántos de ellos han tenido una verdadera desgracia?

Le sugirió que lo comprobara con la policía, los periódicos y algunas agencias sociales. Estas fuentes verificaron que sólo un pequeño porcentaje de los jóvenes sufría algún daño. Las leyes de la estadística se inclinaban claramente a favor de que este chico regresara sin contratiempos. Una vez que la madre aceptó este hecho, su mente se relajó, dejó de preocuparse y su vida volvió a la normalidad. Naturalmente que tenía pensamientos aprensivos de vez en cuando, pero ya no dominaban su vida.

A su debido tiempo, Mike regresó a su casa y fue a la universidad. Si su madre no hubiera visto las cosas con perspectiva, su salud y su equilibrio personal podrían haber resultado destruidos.

Vive en compartimentos estancos día a día

En su libro *Cómo dejar de preocuparse y empezar a vivir,* Dale Carnegie cita los siguientes comentarios del Dr. William Osler, uno de los grandes cirujanos y filósofos de principios del siglo XX, extraídos de un discurso que pronunció ante un grupo de estudiantes de la Universidad de Yale.

El Dr. Osler señaló que, en un gran paquebote, el capitán tiene el poder de aislar compartimentos enteros si suponen un peligro para el mismo. Y luego dijo:

«Ahora bien, cada uno de vosotros es una organización mucho más maravillosa que el gran paquebote, y efectúa un viaje más largo. Lo que os pido es que aprendáis a manejar la maquinaria que os permita vivir en compartimentos estancos al día, como el mejor modo de garantizar la seguridad del viaje. Subid al puente y comprobad si por lo menos los grandes mamparos funcionan bien. Apretad el botón y escuchad, en todos los niveles de vuestra vida, las puertas de hierro que cierran el pasado, los ayeres muertos. Apretad otro botón y cerrad, con una cortina metálica, el futuro, los mañanas que no han nacido. El futuro es hoy... No hay mañana. El día de la salvación del hombre es aquí, ahora. El despilfarro de energías, la angustia mental y los desarreglos nerviosos estorban los pasos del hombre que siente ansiedad por el futuro Cerrad, pues, apretadamente, los mamparos a proa y a popa y disponeos a cultivar el hábito de una vida en compartimentos estancos al día».

El Dr. Osler no quería decir que no deberíamos hacer ningún esfuerzo para prepararnos para el mañana, sino que la mejor forma posible de prepararnos para el mañana es concentrarnos con toda nuestra inteligencia, todo nuestro entusiasmo, en hacer hoy magníficamente el trabajo de hoy. Ésa es la única forma posible de prepararse para el futuro.

Para ayudarnos a cerrar con los mamparos de hierro el pasado y el futuro, Dale Carnegie sugiere que nos hagamos estas preguntas y que anotemos las respuestas:

- ¿Tiendo a dejar de vivir el presente para preocuparme por el futuro o para añorar algún «mágico jardín de rosas que vemos en el horizonte»?
- ¿Hago a veces amargo el presente lamentando cosas que ocurrieron en el pasado, que acabaron para siempre?
- ¿Me levanto por las mañanas decidido a «aprovechar el día», a sacar el máximo partido de esas veinticuatro horas?
- ¿Puedo conseguir más de la vida viviendo en compartimentos estancos día a día?
- ¿Cuándo empezaré a hacer esto? ¿La semana que viene? ¿Mañana? ¿Hoy?

Hay un antiguo dicho, según el cual «El pasado se fue, no podemos cambiarlo; el futuro es desconocido, pero el hoy es un regalo: por eso lo llamamos presente».

Tres cazuelas con agua

Es fácil perder la esperanza cuando las cosas parecen salir mal constantemente. A veces parece que hagamos lo que hagamos, nada funciona. La siguiente parábola cuenta otra forma de considerar nuestras vidas.

Una joven acudió a su madre y le habló de su vida, diciéndole lo difíciles que eran las cosas para ella. No sabía cómo iba a salir adelante y quería darse por vencida. Estaba cansada de luchar y afanarse. Era como si en cuanto resolvía un problema surgiese otro nuevo.

Su madre la llevó a la cocina. Allí llenó de agua tres cazuelas y puso cada una de ellas al fuego. Pronto el agua que contenían rompió a hervir. En la primera de las cazuelas echó unas zanahorias, en la segunda puso unos huevos y en la última vertió café molido. Las dejó hervir en el fuego sin decir una palabra.

Al cabo de unos veinte minutos, apagó los fuegos. Sacó las zanahorias de su cazuela y las puso en un cuenco. Sacó los huevos de la suya y los puso en otro cuenco. Por último, sacó el café con un cucharón y lo sirvió en un tercer cuenco. Luego, volviéndose hacia su hija, le preguntó: «Dime, ¿qué es lo que ves?».

«Zanahorias, huevos y café», respondió. Su madre la acercó a la mesa y le dijo que tocara las zanahorias. Ella así lo hizo y notó que estaban blandas. La madre entonces le pidió que cogiera un huevo y lo cascara. Tras quitarle la cáscara, observó que estaba duro. Finalmente, la madre instó a su hija a dar un sorbo de café. Ella sonrió, paladeando su rico aroma, y luego preguntó: «¿Qué significa esto, mamá?».

Su madre le explicó que cada uno de esos objetos se había enfrentado a la misma adversidad... agua hirviendo. Cada uno reaccionó de una manera diferente. La zanahoria entró en ella fuerte, dura y orgullosa; sin embargo, la acción del calor la ablandó y debilitó. El huevo antes era frágil; su delgada cáscara protegía el líquido interior, pero el calor lo endureció. Y el café molido, por su parte, era único: al ser sometido a la acción del agua hirviendo transformó a la propia agua.

«¿Qué eres tú?», le preguntó a su hija. «Cuando la adversidad llama a tu puerta, ¿cómo respondes? ¿Eres una zanahoria, un huevo o un grano de café?».

Piensa en esto: ¿Qué eres? ¿Eres la zanahoria que parece fuerte, pero que con el dolor y la adversidad se marchita, se ablanda y pierde su fuerza? ¿Eres el huevo, que empieza con un corazón maleable pero se transforma con el calor? ¿Tal vez tenías un espíritu flexible pero, tras una muerte, una ruptura, un contratiempo financiero o alguna otra dificultad, te has endurecido, te has vuelto rígido? ¿Quizá tu exterior parece el mismo, pero por dentro estás amargado, con un espíritu rígido y un corazón endurecido?

¿O eres como el grano de café? El café realmente cambia el agua caliente, la circunstancia misma que provoca el dolor. La acción del calor hace que transfiera al agua toda su flagrancia y su sabor. Si somos como el grano de café, cuando las cosas se ponen peor es cuando mejoramos y cambiamos la situación que nos rodea. En las tinieblas más oscuras y las pruebas más difíciles, ¿nos elevamos a otro nivel? ¿Cómo manejamos la adversidad? ¿Somos una zanahoria, un huevo o un grano de café?

Las personas más felices no son necesariamente las que tienen lo mejor de lo mejor; simplemente, aprovechan al máximo todo lo que se les presenta. El más brillante de los futuros siempre estará basado en un pasado olvidado; no podemos avanzar en la vida mientras no nos desprendamos de nuestros fracasos y dolores pasados.

Vive de acuerdo con el antiguo adagio: «Cuando nacemos, todos a nuestro alrededor sonríen y tú lloras; vive tu vida de tal manera que, al morir, seas tú el que sonríe y a tu alrededor todos los demás lloren».

૨૩

Si las personas que se preocupan por sus deudas pensaran un poco en las riquezas que poseen, dejarían de preocuparse.

Dale Carnegie
૨૩

Diez claves para reducir la preocupación

Por supuesto, no hay vida que esté completamente libre de preocupación. Siempre surgen asuntos graves que nos preocupan, nos ponen nerviosos y pueden llegar a dominar nuestras vidas durante un tiempo. Sin embargo, demasiada gente se preocupa por cuestiones triviales, transitorias o incluso inexistentes. Aquí tienes diez sugerencias sobre cómo mantener a raya las preocupaciones.

1. Ocuparnos de nuestros propios asuntos

La mayoría de nosotros se crea problemas por interferir con demasiada frecuencia en los asuntos ajenos. Lo hacemos porque de alguna manera nos hemos convencido a nosotros mismos de que nuestro criterio es el mejor posible y de que aquellos que no se ajustan a nuestra forma de pensar deben ser criticados y conducidos de vuelta a la dirección correcta, que es la nuestra. Las personas se comportan como lo hacen debido a su ego. Creen que siempre tienen razón y que es su misión poner a otros en lo que consideran «el camino adecuado». Si nos ocupamos de nuestros propios asuntos y damos consejos sólo cuando nos los piden, tendremos menos cosas de las que preocuparnos.

2. No guardar rencor

Es normal abrigar malos sentimientos hacia las personas que nos insultan o nos hacen daño. Sin embargo, si queremos avanzar, es esencial que cultivemos el arte de perdonar y olvidar. La vida es demasiado corta para desperdiciarla en tales nimiedades. Perdona, olvida y avanza.

3. Creer en nosotros mismos

Nos preocupa que no reconozcan nuestros logros. Nuestros jefes o asociados rara vez nos elogian, si es que lo hacen. Debemos entender que hay muchas personas que raramente alaban a nadie sin un motivo egoísta. Se dan prisa en criticarnos, pero ignoran nuestros logros. Damos demasiada importancia a cómo creemos que nos perciben los demás. Si creemos firmemente en nuestras propias posibilidades y fuerzas, nos preocuparemos menos por las actitudes de otras personas hacia nosotros.

4. Cuidado con el monstruo de ojos verdes

Todos hemos experimentado hasta qué punto la envidia puede perturbar nuestra tranquilidad de espíritu. Puede que nos esforcemos más que nuestros compañeros en la oficina, pero ellos consiguen ascensos y nosotros no. O nuestro negocio sólo cubre gastos, mientras que el de nuestro competidor es próspero. Envidiamos a nuestro vecino porque tiene un coche más moderno y más caro. La envidia no resuelve nuestros problemas, sólo conduce a la preocupación y la inseguridad. Debemos aprender a aceptar lo que tenemos y esforzarnos en mejorarlo con la mente libre de envidia de otros.

5. No temer el cambio

Cambiar es inevitable. No se puede progresar sin hacer cambios. Y, sin embargo, muchos de nosotros tememos el cambio. Nos incomoda pues nos saca del terreno conocido. Si los cambios nos son impuestos de repente, en lugar de preocuparnos, lo cual nos afectaría negativamente, centrémonos en cómo podemos mejorar las cosas.

El cambio no se limita a lo que otros nos imponen. Deberíamos estar estudiando constantemente cómo hacemos las cosas y buscando maneras de hacerlas con más eficacia. Sugerir cambios siempre entraña un riesgo. Pueden fracasar, pero las personas seguras de sí mismas aprenden a aceptar los riesgos y tienen bastante capacidad de recuperación para no preocuparse por derrotas ocasionales y avanzar.

6. Aprender a aceptar lo inevitable

Después de veintidós años en la empresa, Edith esperaba con impaciencia que pasaran los ocho años que le quedaban hasta la jubilación. Cuando anunció que quebraba, no se lo podía creer. Todos sus planes se basaban en la seguridad de su trabajo.

Cada noche, Edith lloraba hasta quedarse dormida. Siempre se había enorgullecido de ser autosuficiente y ahora tendría que depender de sus hijos. En sólo unas semanas, Edith dejó de ser una persona segura de sí misma y alegre y se puso hecha un manojo de nervios, con migrañas y constantes molestias estomacales. Su médico reconoció que la medicación no era la terapia que necesitaba. Le sugirió que concentrara sus pensamientos en las muchas veces que se había enfrentado a la adversidad en su vida y la había vencido.

Con el tiempo, Edith aceptó lo inevitable y empezó a buscar un nuevo trabajo y a dar pasos positivos hacia la nueva y apasionante etapa de su vida.

Aprendió a sacar provecho de sus puntos fuertes y adoptó la actitud necesaria para superar el problema.

7. No querer abarcar demasiado

Con frecuencia asumimos más responsabilidades de las que podemos cumplir, generalmente para satisfacer nuestro ego. Queremos que los demás nos admiren, así que cogemos más de lo que podemos manejar. Debemos ser conscientes de nuestras limitaciones. Cuando nos piden que aceptemos un encargo especial, si estamos agobiados de trabajo deberíamos declinar la oferta diplomáticamente.

8. Mantener la cabeza ocupada

Cuando nuestra cabeza no está ocupada con pensamientos positivos, la llenamos de preocupaciones; a menudo sobre asuntos triviales o incluso sobre cosas que no es probable que sucedan. Debemos mantener la mente ocupada en cuestiones positivas, que valgan la pena. Leer libros inspiradores, escuchar buena música, meditar o concentrarse en algún proyecto cívico interesante, en una afición agradable o simplemente en las alegrías y bendiciones de nuestra vida que expulsarán esos pensamientos preocupantes.

9. Hacerlo ahora

En todos los trabajos y en la mayoría de los aspectos de la vida, tenemos que hacer cosas que no nos gustan. La tendencia general es aplazarlas y dedicarse a las cosas que sí gusta hacer. Si hacemos primero las cosas que nos gustan, antes o después tendremos que hacer las que nos disgustan. Eso es contraproducente. Psicológicamente hablando, si hacemos antes lo que nos gusta, ni siquiera lo disfrutamos. Mientras nos dedicamos a ello, todo el tiempo estamos pensando: «Cuando acabe con esto, tendré que abordar esa odiosa tarea». Pero, si nos quitamos de encima primero lo desagradable, podremos esperar con impaciencia las tareas amenas.

10. Aprender de nuestros errores

Todos cometemos errores. Nadie es tan perfecto que todo le salga bien. Como ya hemos comentado antes, debemos asumir riesgos para poder progresar; y el posible fracaso forma parte integrante de todo riesgo. Asumir riesgos no significa que debamos ser temerarios. Las personas de éxito asumen riesgos en cada decisión que toman. Los riesgos no se pueden eliminar del todo nunca, pero sí es posible minimizarlos mediante un análisis y una planificación cuidadosos. Sin dolor, no hay ganancia.

Cuando nos enfrentamos a un fracaso, en lugar de preocuparnos y darle vueltas debemos estudiar detenidamente cuál fue la razón del mismo y dar los pasos necesarios para corregir la situación, si es posible. Si no lo es, hay que buscar una solución alternativa y analizar lo que causó el problema para no volver a cometer el mismo error en el futuro.

Ser perseverante

Un importante atributo de las personas de éxito no es que siempre triunfen, sino que, en lugar de preocuparse por su aptitud, responden al fracaso o los obstáculos recuperándose y redoblando sus esfuerzos. Tienen capacidad de recuperación, una cualidad propia de quienes poseen una gran inteligencia emocional y son capaces de controlar el estrés y la preocupación.

No importa qué otras cualidades les puedan faltar: siempre tienen persistencia, la determinación tenaz de triunfar a cualquier precio. No importa cuán hostil sea el entorno, ni qué clase de oposición encuentren o qué motivos de desaliento hayan tenido que dejar atrás; ellos siempre persisten. En lugar de desperdiciar energía en preocuparse, se esfuerzan más y mejor para conseguir sus objetivos.

La capacidad de aguantar es una característica de todas las personas que han conseguido algo grande; tal vez les falten otras virtudes, puede incluso que tengan muchos puntos débiles o excentricidades, pero no se dan por vencidas con facilidad.

Resistencia

El éxito no se alcanza de la noche a la mañana. Steve Jobs y Steve Wozniak experimentaron un fracaso tras otro antes de conseguir perfeccionar su primer ordenador Apple. Indudablemente, les preocupaba la posibilidad de no llegar a tener éxito nunca, pero dejaron a un lado las preocupaciones y se concentraron en superar los problemas que les iban surgiendo.

Oliver Wendell Holmes, el poeta y filósofo estadounidense, lo expresó muy bien:

Nunca te rindas. Hay cambios y posibilidades
que ayudan al esperanzado, de cien a uno;

y, a través del caos, la Alta Sabiduría dispone
siempre el éxito, con tal de que resistas.
Nunca te rindas; porque el más sabio es el más audaz,
sabiendo que la Providencia mezcla la bebida.
Y de todas las máximas, la mejor, la más antigua,
es el serio lema de ¡Nunca te rindas!

La persistencia de propósito es un poder. Crea confianza en los demás. Cuando una persona persistente emprende cualquier cosa, la batalla está medio ganada; y no sólo para esa persona, sino para todos los afectados.

Las personas persistentes no se preocupan nunca de si están teniendo éxito o no. Ponen todo su empeño en todo lo que hacen con la intención de hacerlo con la máxima eficiencia.

෩

El hoy es vida: la única vida de la que estás seguro. Saca provecho al hoy. Interésate en algo. Espabílate. Desarrolla un pasatiempo. Deja que los vientos del entusiasmo te atraviesen. Vive el hoy con entusiasmo.

Dale Carnegie
෩

La tenacidad da fruto

Debemos determinar lo que vamos a hacer y luego hacerlo. Aquellos que se andan con dilaciones o que dudan continuamente entre cuál de dos cosas hacer primero, no hacen ninguna de las dos.

La perseverancia levantó las pirámides en las llanuras de Egipto, construyó la Gran Muralla alrededor del Imperio chino, escaló los Alpes, arrostró los peligros de los océanos, colonizó nuevos territorios y fundó grandes naciones. Con perseverancia, ideas creativas han sido plasmadas en floreciente negocios. La tenacidad de hombres y mujeres decididos ha cambiado el mundo con nuevos inventos, descubrimientos científicos y avances de la medicina.

Las personas que se entregan totalmente a su trabajo están seguras de conseguir algo; y, si tienen aptitud y sentido común, su éxito será grande.

∾

Si no puedes dormir, entonces levántate y haz algo en lugar de quedarte tumbado preocupándote. Es la preocupación la que te fastidia, no la falta de sueño.

Dale Carnegie

∾

Benjamin Franklin es un buen ejemplo de esto. Cuando empezó en el negocio de las artes gráficas en Filadelfia, una sola y pequeña habitación hacía las veces de oficina, taller y dormitorio para él. Cuando se enteró de que otro impresor de la ciudad había decidido aplastarle, le invitó a su habitación. Señalando un trozo de pan para indicar cuál había sido su única comida, le dijo: «A menos que pueda usted vivir más austeramente que yo, no me podrá obligar a rendirme por hambre».

Otra razón para el fracaso es detenerse antes de tiempo. El propietario de una mina de Colorado abrió un túnel de un kilómetro y medio de largo perforando los estratos que en su opinión contenían oro, en cuyo empeño se gastó cien mil dólares; al cabo de año y medio, al no haber encontrado oro, se dio por vencido. Pero luego otra compañía minera profundizó el túnel sólo un metro más y dio con un filón. De modo que el oro de la vida puede estar a sólo un metro de distancia.

No desistas

Cuando te entren ganas de tirar la toalla, lee este poema de Rudyard Kipling. Te ayudará a poner las cosas en su sitio y te animará a no darte por vencido demasiado pronto.

Cuando vayan mal las cosas
como a veces suelen ir,
cuando ofrezca tu camino
sólo cuestas que subir,
cuando tengas poco haber
pero mucho que pagar,
y precises sonreír
aun teniendo que llorar,
cuando ya el dolor te agobie
y no puedas ya sufrir,
descansar acaso debes
¡pero nunca desistir!
Tras las sombras de la duda
ya plateadas ya sombrías,
puede bien surgir el triunfo
no el fracaso que temías,
y no es dable a tu ignorancia
figurarse cuán cercano
puede estar el bien que anhelas
y que juzgas tan lejano.
Lucha, pues, por más que tengas
en la brega que sufrir,
cuando todo este peor,
¡más debemos insistir!
Si en la lucha el destino te derriba,
si todo en tu camino todo es cuesta arriba,
si tu sonrisa es ansia insatisfecha,

si hay faena excesiva y vil cosecha,
si a tu caudal se contraponen diques,
date una tregua… ¡pero no claudiques!

Lo más importante

Dale Carnegie acuñó los siguientes principios básicos sobre el modo de controlar la preocupación:

Cuando te enfrentes a un problema:
- Pregúntate: « ¿Qué es lo peor que podría pasar?».
- Prepárate para aceptar lo peor.
- Luego intenta mejorar lo peor.
- Recuerda el precio exorbitante que pagamos por la preocupación desde el punto de vista de nuestra salud.

Para controlar la preocupación, hay que analizar qué es lo que la causa. Para ello hay que:
- Conseguir todos los datos.
- Sopesarlos y tomar una decisión.
- Una vez tomada la decisión, actuar.
- Anotar y responder las siguientes preguntas:
    a. ¿Cuál es el problema?
    b. ¿Cuáles son las causas del problema?
    c. ¿Cuáles son las posibles soluciones?
    d. ¿Cuál es la mejor solución posible?

Acaba con la mala costumbre de preocuparte antes de que ella acabe contigo:

- Vive en «compartimentos estancos» día a día.
- Mantente ocupado.
- No te preocupes por nimiedades.
- Usa las leyes de la estadística para proscribir las preocupaciones.
- Coopera con lo inevitable.
- Decide cuánta ansiedad merece una cosa y niégate a concederle más.
- No te preocupes por el pasado.

Para cultivar una actitud mental que nos proporcione paz y felicidad, Dale Carnegie, nos aconseja:

- Llenar nuestra mente de pensamientos de paz, coraje, salud y esperanza.
- Nunca tratar de vengarnos de nuestros enemigos.
- Esperar ingratitud.
- Hacer un recuento de nuestros beneficios, no de nuestros problemas.
- No imitar a los demás.
- Tratar de sacar provecho de nuestras pérdidas.
- Hacer felices a los demás.
- No darse por vencido ante la preocupación.
- Reemplazar la preocupación por persistencia.
- Desarrollar ideas creativas.
- No permitir que las críticas de otros nos desanimen.

Capítulo 2

Cómo romper con el hábito de preocuparse

Cuando nos preocupamos por una situación, ya sea real o imaginaria, eso no sólo mina la vitalidad y es un derroche de energía, sino que también afecta seriamente a nuestra calidad de vida y nuestro trabajo. Reduce nuestra capacidad de ocuparnos de la situación de una manera realista. No podemos experimentar la vida en toda su calidad cuando nuestra mente está intranquila. El cerebro no piensa con claridad, vigor y lógica. Cuando las neuronas están envenenadas con la ansiedad, no podemos concentrar la atención con tanta intensidad como cuando están alimentadas con sangre pura y están limpias y despejadas.

Orison Swett Marden, un pionero en el campo de la filosofía de la autosuperación de finales del siglo XIX y principios del XX, expresó esto mismo de manera sucinta; escribió: «No hay mayores enemigos de la armonía que las pequeñas preocupaciones y los desvelos nimios. Son las pequeñas molestias, las contrariedades triviales de nuestra vida cotidiana las que empañan nuestra comodidad y felicidad y nos privan de más fuerzas que los grandes problemas para cuyo encaramiento nos armamos de valor. Es el perpetuo regañar y poner defectos por parte de un hombre o una mujer irritable lo que arruina por completo la paz y la felicidad de un buen número de hogares.

«El derroche de energía más deplorable de la vida está causado por el nefasto hábito de esperar el mal, de temer lo que el futuro nos reserva; y en ningún caso la situación justifica el miedo o la preocupación, porque siempre es imaginaria y carente de todo fundamento».

No te preocupes por cuestiones triviales

¿Qué podemos hacer para romper con el hábito de preocuparnos? Un buen comienzo sería analizar las cosas que nos preocupan. Cuando se preguntó a un grupo de personas que se sentían preocupadas cuál era el motivo de su preocupación en ese momento concreto, en algunos casos se trataba de asuntos serios como una posible pérdida del trabajo, un problema de salud o una situación familiar grave; pero la gran mayoría de las respuestas fueron cuestiones triviales. He aquí algunas de ellas:

«Me preocupa que llueva este fin de semana y que se cancele nuestra comida en el campo».

«Me preocupa que no arreglen mi vestido a tiempo para el baile».

«Me preocupa que mi padre no me deje usar el coche esta noche».

«Me preocupa que no me dé tiempo a presentar mi informe en el plazo exigido».

Sin duda, estas cuestiones les parecían importantes a esas personas; pero la vida es demasiado breve para preocuparse por nimiedades que, si las dejamos crecer en nuestra mente, no causan más que molestias.

ℰ

No nos alborotemos por cualquier nimiedad. No permitamos que pequeñas cosas –simples termitas de la vida– arruinen nuestra felicidad.

Dale Carnegie

ℰ

Reemplaza la preocupación por acción

Con frecuencia nuestras depresiones están causadas por la preocupación. Nos preocupamos por muchas cosas. Nos preocupan nuestras familias, nuestra salud, nuestro futuro… y la mayoría de las veces no es probable que sucedan las cosas que nos inquietan.

Jeremy estaba preocupado. Su mejor amigo, Gabriel, acababa de sufrir un infarto de miocardio. Perecía tener una salud excelente, pero de pronto, en mitad de un partido de tenis, se cayó redondo al suelo en la pista y tuvieron que llevárselo a toda prisa al hospital. A Jeremy empezó e preocuparle todo el tiempo que eso mismo le habría podido pasar a él. Al igual que Gabriel, tenía cuarenta y muchos años y un par de kilos de más, no fumaba ni bebía en exceso y hacía ejercicio con regularidad. Se preocupó tanto que entró en un estado de gran ansiedad. Estaba seguro de que cualquier pequeña molestia en el pecho era un síntoma de un infarto inminente. Durante el día se distraía de su trabajo, y por la noche dormía mal preocupándose por su salud y por lo que le sucedería a su familia si se muriera de pronto.

No se había hecho un reconocimiento médico completo desde hacía años, y ahora le daba miedo no fuera a ser que confirmaran que tenía mal el corazón. Su mujer le señaló que la preocupación por padecer un ataque cardíaco podía llegar a provocarlo de verdad. Le persuadió para que consultara con un eminente cardiólogo, quien, tras una serie completa de pruebas, le aseguró que su corazón estaba en excelentes condiciones y le recomendó un régimen para asegurarse una salud duradera.

Coopera con lo inevitable

A veces nos enfrentamos a cosas en nuestras vidas sobre las que no tenemos ningún control. Mucha gente se rinde y deja que eso domine su vida. Otros encuentran formas de aprovecharlo como medio para alcanzar nuevas metas.

Michael J. Fox, el famoso actor de cine y televisión, es una de dichas personas. A los veintitantos años ya había alcanzado la cima del éxito, siendo aclamado como uno de los grandes astros de una industria cuajada de estrellas como es ésa. Pero a los treinta le diagnosticaron la enfermedad de Parkinson, una enfermedad progresiva y debilitante que afecta a la capacidad motriz, el habla y otras funciones, y para la cual no hay cura conocida. Fox se negó a darse por vencido y durante varios años consiguió compaginar su carrera con los imperativos de su estado. Sin embargo, dado el avance de la enfermedad, en un momento dado decidió dejar la profesión de actor y dedicar su vida a ayudar a otros que también la sufren. Se convirtió en un líder del movimiento a favor de la investigación con células madre. Con objeto de encontrar una cura o al menos un medio de controlar la enfermedad, creó la fundación que lleva su nombre. Ha hecho innumerables apariciones en público y ha sido un testigo clave en asuntos de salud ante las comisiones parlamentarias del Congreso de Estados Unidos.

Dale Carnegie entrevistó a una serie de grandes ejecutivos y empresarios estadounidenses y quedó impresionado por el modo en que esos personajes cooperaban con lo inevitable y vivían así libres de preocupaciones. He aquí algunos ejemplos:

J. C. Penney, fundador de la cadena de almacenes que llevan su nombre: «No me preocuparía ni por perder hasta el último dólar, porque no veo qué se gana preocupándose. Hago las cosas lo mejor que puedo y dejo los resultados al arbitrio de los dioses».

Henry Ford: «Cuando no puedo arreglar las cosas, dejo que se arreglen solas».

K. T. Keller, presidente de Chrysler: «Cuando me veo ante una situación difícil, si puedo hacer algo en relación con ella, lo hago. Si no puedo, me limito a olvidar la cosa. Nunca me preocupo por el futuro, porque sé que nadie puede saber lo que el futuro guarda».

La rima de la vieja Mamá Gansa lo resume muy bien:

Por cada problema bajo el sol
hay alguna o ninguna solución.
Si hubiera alguna, búscala hasta encontrarla;
si no la hubiera, olvida la cuestión.

ᘓ

Cuando aceptamos lo peor, ya no tenemos nada que perder.
Y esto significa automáticamente que tenemos todo que ganar.

Dale Carnegie
ᘓ

Una «orden de pérdida limitada» sobre las preocupaciones

Los operadores de bolsa del mercado de valores usan una técnica para minimizar sus posibles pérdidas. Por ejemplo, cuando compran un paquete de acciones con un precio de 50 dólares cada una, pasan una orden de pérdida limitada sobre esas acciones de, digamos, 45 dólares. Eso quiere decir que, si el precio disminuye cinco dólares, las acciones se venden automáticamente, limitando de ese modo la pérdida a cinco puntos por acción.

¿Cómo podemos aplicar esta técnica para dejar de preocuparnos? Una manera es fijar un límite de tiempo para el problema. A Caroline le preocupaba que su departamento se fusionara con otro y su puesto se viese en peligro. Cada día llegaba al trabajo temiendo enterarse de la noticia. Le confió su preocupación a un colega, quien le dijo: «A mí también me preocupaba aquella fusión; pero cuando corrió el rumor, me figuré que si la cosa iba a ocurrir sería en el plazo de unas semanas. Así que puse una "orden de pérdida limitada" sobre esto y, cuando expiró el plazo sin que se produjera la fusión, dejé de preocuparme sobre ello».

Dale Carnegie nos recomienda que, cuando nos enfrentemos a preocupaciones, nos hagamos las siguientes preguntas:

- Esto que me preocupa ahora, ¿cuánto me importa realmente?
- ¿En qué momento debería emitir una «orden de pérdida limitada» sobre esta preocupación y olvidarla?
- ¿Cuánta preocupación exactamente merece el asunto? ¿Me he preocupado ya más de lo necesario?

Esto también se pasará

Lo único con lo que todos podemos contar es que, sin importar qué es lo que nos preocupa, no durará para siempre. Hay una famosa parábola que aparece en muchas culturas diferentes ilustrando esto. Una de las que se narra con más frecuencia es la del rey Salomón.

El rey Salomón estaba agobiado por las preocupaciones. A pesar de su riqueza, su poder e incluso su célebre sabiduría, aquéllas no le daban respiro. Les dijo a sus cortesanos: «Temo que mi pesar sea para siempre; incluso cuando me siento satisfecho, temo que no dure». Encomendó a sus sabios consejeros que encontraran un lema que le ayudara, que fuera cierto en cualquier momento y situación.

Se despacharon mensajeros a todos los rincones del reino en busca de ese lema mágico. Un día uno de ellos se encontró con un anciano, famoso por los muchos años que llevaba dando buenos consejos a todo aquel que se los pedía. El anciano dijo: «Dadle al rey este anillo. En él está grabado el consejo que busca. Cuando se sienta preocupado o temeroso, que lea y relea las palabras inscritas en él».

El mensajero le entregó el anillo al rey Salomón, quien leyó la inscripción, que decía: «Y esto también se pasará». Salomón se puso el anillo en el dedo y dijo: «¡Cuán sabias son estas palabras! ¡Cuán aleccionadoras en la hora del orgullo! ¡Cuán reconfortantes en la sima de la aflicción!». Sus penas se convirtieron en alegría y sus alegrías en pena, y ambas entonces dieron paso a la tranquilidad de espíritu.

Superar la preocupación hablándose a uno mismo

Siempre estamos hablando con nosotros mismos. La vocecilla que habla en nuestro cerebro está diciéndonos constantemente qué pensar, cómo actuar y reaccionar y cómo evaluarnos a nosotros mismos. Cuando nos preocupamos, esa voz interior se centra en el acto de preocuparse y exacerba el motivo de preocupación en lugar de mitigarlo.

Una manera de superar esto es controlar esa voz interior dirigiéndonos unas palabras de ánimo a nosotros mismos. Cuando un equipo de fútbol americano va por detrás de sus oponentes en el marcador al final del primer tiempo, el entrenador les dirige a los jugadores una arenga para motivarlos y que se esfuercen más en conseguir los puntos que necesitan para ganar el partido. Cuando nos preocupemos, debemos emular a ese entrenador. Una buena arenga puede expulsar los pensamientos preocupantes y reemplazarlos por otros afirmativos que ayuden a resolver el problema.

El primer paso a la hora de preparar unas palabras de ánimo es hacer un inventario de nuestros puntos fuertes, nuestras particularidades y nuestros logros. Aprender a aceptarnos y apreciarnos a nosotros mismos es esencial para anular el efecto de la preocupación.

Aceptarnos a nosotros mismos. Es la capacidad de aceptar nuestro verdadero yo y centrarse en lo positivo: nuestras buenas cualidades, nuestros puntos fuertes y los rasgos que nos hacen ser como somos. Cuando nos concentramos en esos aspectos de nuestra propia imagen, influimos positivamente en nuestra confianza y autoestima. Es demasiado común, sin embargo, que la gente se fije sólo en sus puntos débiles en lugar de en los fuertes. Debemos conseguir centrarnos en las imágenes positivas y ayudar a otros a hacerlo también. Éste es el primer paso a la hora de superar la preocupación.

Apreciarnos a nosotros mismos. La clave aquí es concentrarnos en nuestros éxitos y logros pasados y respetarnos a nosotros mismos por el bien que hemos hecho. Cuando dedicamos tiempo a considerar los muchos éxitos que hemos tenido en la vida, nuestra perspectiva cambia y nuestra confianza crece.

Sumando las dos categorías anteriores, podemos redactar una poderosa arenga respaldada con hechos. Es una charla interna que todos debemos tener de vez en cuando para seguir creyendo en nosotros mismos. Es una herramienta para volver a tomar el control de la única cosa que podemos controlar durante todo el tiempo: nuestro pensamiento.

Preocupaciones financieras

Cuando se pregunta a la gente qué es lo que la preocupa más, una de las cuestiones que aparece con más frecuencia en las respuestas es la financiera. Preocupa en general el ser capaz de hacer frente a los pagos de la tarjeta de crédito, los plazos del coche, la hipoteca y los préstamos personales. Alguna personas se preocupan de vez en cuando por su capacidad de pagar el alquiler, de pagar facturas de médicos o incluso de atender sus necesidades básicas.

Esto se exacerba cuando las condiciones económicas son malas, cuando las empresas despiden trabajadores por reducción de plantilla o reducen el horario laboral. Pero preocuparse por ello nunca ha resuelto el problema. Hay circunstancias en las que la persona está tan agobiada por las deudas que su única salida es tomar medidas drásticas, como la bancarrota. La mayoría de nosotros se esfuerza como puede para evitar tal acción.

Diez medidas para minimizar las preocupaciones financieras

Los expertos en gestión financiera proponen las siguientes diez maneras de controlar nuestros hábitos de gasto para que sea menos probable caer en un endeudamiento abrumador:

1. Analizar nuestras pautas de gasto. ¿En qué se va el dinero? Empieza por hacer una lista de gastos fijos, tales como el alquiler de la vivienda o los plazos de la hipoteca, las letras del coche, otros préstamos, facturas de servicios y cosas por el estilo. Añade a esto tus gastos variables: lo que gastas en alimentación, tintorería, ropa, artículos de uso doméstico, etcétera. Distingue si los pagas en efectivo o los cargas a tu tarjeta de crédito. Si hacemos esto durante dos o tres meses, tendremos una visión detallada de dónde se va nuestro dinero.

2. Elaborar un presupuesto. La idea de un presupuesto asusta a algunas personas. Temen que sólo sirva para empeorar las cosas porque ahora estarán preocupadas todo el tiempo intentando atenerse a él. Los presupuestos son directrices. Los elaboramos para ayudarnos a seguir un camino. Un presupuesto bien diseñado nos permitirá mantenernos dentro del límite de nuestros ingresos y nos mostrará en qué áreas estamos gastando demasiado, de forma que podamos hacer los necesarios ajustes. Por ejemplo, vemos que hemos agotado el presupuesto en el apartado de ropa, así que nos resistimos a comprar ese nuevo traje o vestido; puede esperar al mes que viene. O determinamos en qué áreas podemos recortar nuestros gastos con el mínimo de molestias, como por ejemplo comer fuera de casa con menos frecuencia o sustituir esa marca de importación por otra nacional más barata.

3. Usar la tarjeta de crédito sensatamente. Las tarjetas de crédito son muy cómodas para comprar cosas, y es tentador comprar más de lo que podemos permitirnos cuando no necesitamos el dinero en ese momento. Deberíamos usarlas del mismo modo que el talonario de cheques. Si no tienes ese dinero y no esperas tenerlo para el día en que carguen ese gasto en tu cuenta, no lo compres. Por supuesto, sí es válido usar la tarjeta de crédito cuando se trata de artículos que necesitamos de verdad o que son demasiado caros para pagarlos al contado de inmediato. Un

buen sustituto es la tarjeta de débito, que funciona como un talonario de cheques. Todos los pagos se cargan en nuestra cuenta bancaria inmediatamente. Es una forma muy conveniente de pagar por artículos sin necesidad de llevar dinero en efectivo o incurrir en deudas.

4. Pagar al contado. La tasa de interés de las tarjetas de crédito puede ser extremadamente alta. Si sólo pagamos cada mes la cuota mínima exigida, los intereses pueden ascender a una cantidad considerable. Presupuesta una cantidad tan grande como sea posible para mantener bajo el saldo acreedor.

5. Cuidar la capacidad crediticia. Hay veces en las que necesitamos un dinero que no tenemos para hacer frente a emergencias. En esos momentos es bueno disponer de crédito. Si tienes que pedir un préstamo a una entidad financiera, ésta comprobará tu grado de solvencia con las diversas agencias de clasificación de créditos. Estas agencias nos clasifican en base a nuestro historial de pago de deudas. Si en éste figuran problemas de cobro, retrasos en el pago u otros factores negativos, nuestro grado de solvencia será bajo y nos negarán el crédito. Ésta es otra buena razón para pagar las facturas con puntualidad. Además, muchas entidades de crédito nos exigirán que tengamos una garantía prendaria para respaldar el préstamo. Los valores, algunas pólizas de seguros y los bienes tangibles suelen servir para el caso.

Los propietarios de viviendas tienen un excelente medio para obtener líneas de crédito: un préstamo garantizado con el valor residual de la vivienda. Se puede obtener una línea de crédito en base al valor residual de nuestra vivienda (que es la diferencia entre su valor de mercado actual y el saldo pendiente de su hipoteca). Aun cuando no haya una necesidad inmediata de un préstamo, es lógico obtener ya una línea de crédito para que, si surge la necesidad, el dinero esté ya disponible.

6. Asegurarse contra las desgracias. Hay seguros que nos protegen de los costes derivados de toda clase de accidentes u otros gas-

tos imprevistos. Podemos contratar una póliza para prevenir las pérdidas ocasionadas por el fuego, los robos, los accidentes de coche y otras calamidades.

Si tu empresa no proporciona seguro de enfermedad a sus empleados, o no estás cubierto por un programa gubernamental como Medicare, se pueden contratar seguros médicos privados.

7. Pagarnos a nosotros mismos primero. Procura ahorrar una cantidad determinada de tu sueldo cada mes. Debemos estudiar nuestro presupuesto y determinar cuánto dinero podemos ahorrar cada mes. Si tu empresa tiene suscrito un plan de pensiones para sus empleados, de manera que ella también contribuye con una parte al mismo cada mes, aprovéchalo; es una manera idónea de ahorrar. Si no dispones de un plan como ése, es imprescindible para tu seguridad económica a largo plazo que diseñes un programa de ahorro, invirtiendo el dinero que apartes en un banco o en valores sólidos.

8. Invertir de forma conservadora. Es tentador invertir nuestros ahorros en acciones que prometan aparentemente subir de valor en poco tiempo y proporcionar pingües beneficios. Es cierto que tales acciones existen, pero la otra cara de la moneda de esto es que tienes tantas probabilidades de perder como de ganar. No podemos correr riesgos con los ahorros de nuestra vida. Es preferible pedir consejo a un asesor financiero experimentado para que nos guíe en nuestra estrategia de inversión.

9. No depender de la esperanza o la suerte. Sandra nunca ahorró ni un céntimo. Se gastaba su sueldo íntegro y usaba sus tarjetas de crédito hasta el máximo autorizado. Cuando sus amigos le advirtieron de que tuviera cuidado, replicó: «Tengo un tío rico y yo soy su sobrina favorita. Tiene ochenta años y no vivirá mucho más; luego heredaré todo su dinero». Pero Sandra tuvo que declararse en bancarrota cuando su tío murió y le dejó todo el dinero a su organización benéfica preferida.

Cecil estaba seguro de que le iba a tocar la lotería. Nunca ahorraba dinero, pero compraba de veinte a treinta billetes cada mes. Sus posibilidades de ganar son infinitesimales. Si hubiera invertido esos veinte o treinta dólares de una manera sensata, habría acumulado unos ahorrillos para el futuro.

10. No tratar de no ser menos que el vecino. Mucha gente se mete en líos financieros porque tiene envidia y se gasta más dinero del que puede permitirse en ese coche caro como el de su vecino, o en esos vestidos de diseño como los que llevan sus amigas.

 confirmar

¿Te acuerdas de las cosas que te preocupaban hace un año? ¿Qué tal salieron? ¿No derrochaste un montón de energía en vano a causa de la mayoría de ellas? ¿No salieron bien en su mayor parte después de todo?

Dale Carnegie

Oración y meditación

La gente que cree firmemente en Dios encuentra que la oración es un eficaz antídoto contra la preocupación. La fe es una forma de pensar. Es fe en el Poder Creador, en el Poder Único que responde cuando se le invoca.

El Dr. Carl Jung, uno de los psicólogos más célebres de todos los tiempos, insistió en esto. Escribió sobre ello lo siguiente:

Durante los últimos treinta años me han consultado personas de todos los países civilizados. He tratado a muchos cientos de pacientes. Entre todos mis pacientes en la segunda mitad de la vida –es decir, de más de treinta y cinco años– no ha habido uno solo cuyo problema no fuera en última instancia el de hallar una perspectiva religiosa de la vida. Puedo decir que todos ellos se sentían enfermos porque habían perdido lo que las religiones vivas de todos los tiempos han dado a sus fieles y que ninguno de ellos se curó realmente sin reconquistar esa perspectiva religiosa.

William James, el pionero de la psicología estadounidense, estaba de acuerdo con esto. Escribió: «La fe es una de las fuerzas que hace vivir a los hombres y la total carencia de ella significa el desplome».

Un buen ejemplo del poder de la fe es Jillian, que tenía treinta y tantos años cuando le diagnosticaron una forma de cáncer terminal. Como la abogada de éxito que era, había ganado pleitos que la mayoría de sus colegas daba por perdidos. Así que pensó: si puedo triunfar a pesar de las dificultades en mi profesión, ¿por qué no voy a poder triunfar sobre la enfermedad?

Como Jillian era una creyente devota, recurrió a la oración. «Naturalmente, muchas personas mueren de cáncer terminal», dijo, «pero me niego a rendirme. Creo que Dios me ha puesto aquí en la Tierra para servir a un propósito y aún tengo mucho que hacer antes de morir». En lugar de preocuparse acerca de su salud, rezó la siguiente oración cada día al despertarse y otra vez antes de irse a dormir:

Dios eterno, fuente de curación,
en mi sufrimiento recurro a Ti.
Ayúdame a sentir Tu presencia
en esta hora difícil.
Ya me has concedido los dones de Tu bondad:
la pericia de mi médico,
el interés de otros que me ayudan,
la compasión de aquellos que amo.
Rezo para que me haga digna de todo esto,
tanto hoy como en los días por venir.
Ayúdame a alejar toda amargura;
que la desesperación no me abrume.

Concédeme paciencia cuando las horas son pesadas;
dame valentía cada vez que sufra dolor o decepción.
Mantén mi confianza en Tu amor, ¡oh, Dios!
Dame fuerza para el hoy y esperanza para el mañana.
En Tus amorosas manos encomiendo mi espíritu:
cuando estoy durmiendo y cuando estoy despierta.
Si Tú estás conmigo, no temeré.
Ayúdame, ¡oh, Dios!, en esta hora de necesidad.

Cuando Jillian fue a someterse a su reconocimiento unos meses después, el médico encontró que el cáncer había entrado en estado de remisión. Jillian reanudó su carrera profesional con brillantez.

Hay un antiguo dicho, a Dios rogando y con el mazo dando: Dios ayuda a quienes se ayudan a sí mismos. Cuando tenemos una fe profunda, nos convertimos en nuestros propios salvadores. Respondemos a nuestra propia plegaria. Cualquier cosa que imprimamos en nuestra mente se expresa como forma, función, experiencia y suceso.

Experimentamos lo que creemos de verdad en nuestros corazones. Si creemos en el fracaso, fracasaremos aunque trabajemos duro. Podemos ser muy buenos. Podemos ser amables con los pobres, visitar hospitales, donar dinero para obras benéficas y ayudar a otros; pero es lo que creemos en nuestros corazones lo que realmente importa, no lo que afirmamos teóricamente.

Muchas personas, cuando tienen un problema, se fijan en él, discuten sobre él, hablan de él y lo magnifican. El problema las abruma. Lo que hay que hacer, en cambio, es volver la espalda al problema y concentrarse en una solución; prestándole atención, nuestra fe responderá.

Nada nos reportará paz, felicidad y éxito salvo el triunfo de los principios en nuestra mente. No estamos hablando de credos, dogmas ni nada por el estilo. Hay personas que no tienen una religión o un credo en concreto, pero tienen fe en que hay un espíritu guía que puede ayudarlas a vencer la preocupación y el miedo.

Aun cuando no seamos creyentes de una religión organizada, podemos inspirarnos en ese espíritu infinito, en su presencia y poder en nuestro interior, en lugar de pensar sólo en las imperfecciones del mundo. Si nos fijamos sólo en los defectos y limitaciones de los demás, estamos creando esas mismas cosas en nuestra mente, en nuestro cuerpo y en nuestra cartera. Si tenemos envidia de otra persona, nos rebajamos; la ponemos sobre un pedestal y aceptamos que tiene poder para molestarnos.

Podemos tener complejo de inferioridad. Podemos estar dominados por la autocrítica. Proyectamos nuestra inferioridad en los miembros de nuestra familia y perdemos su confianza. No nos gusta lo que vemos, pero está dentro de nosotros; de otra manera, no lo podríamos ver. Por eso es por lo que Einstein dijo: «El mundo que vemos es el mundo en el que estamos». Ésta es una absoluta verdad científica. Lo teñimos todo del color de nuestra disposición de ánimo, de nuestra formación, de nuestras creencias, de nuestras nociones filosóficas.

Aun cuando no seamos religiosos por naturaleza o educación, aun cuando seamos unos escépticos empedernidos, la oración puede ayudarnos. La oración nos ayuda a expresar con palabras lo que nos inquieta. Es algo muy parecido a poner por escrito nuestros problemas en un papel. Para poderle pedir ayuda a Dios sobre un problema, antes tenemos que ponerlo en palabras.

La oración nos aporta una sensación de compartir nuestras cargas, de no estar solos. Pocos de nosotros son tan fuertes que puedan llevar a cuestas su carga ellos solos. A veces nuestras preocupaciones son de una naturaleza tan íntima que no podemos hablar de ellas ni con nuestros amigos o parientes más cercanos. Contarle a alguien lo que nos preocupa es una manera eficaz de empezar el proceso curativo. Aunque no tengamos a nadie más, siempre podemos contárselo a Dios.

La oración pone en vigor un principio activo del hacer. Es un primer paso hacia la acción. Se ha dicho que la oración es la forma de energía más poderosa que podemos generar. Hay que tener presente esto cuando las preocupaciones dominan nuestra vida.

Lo más importante

- Cuando nos preocupamos por una situación, ya sea real o imaginaria, eso mina nuestra vitalidad y es un derroche de energía; además, reduce nuestra capacidad de ocuparnos de la situación de una manera realista.
- No dejes que el hecho de preocuparte por nimiedades destruya tu tranquilidad de espíritu.
- En lugar de preocuparte por el problema, emprende una acción que contribuya a resolverlo.
- Coopera con lo inevitable. Si sabes que no está en tus manos cambiar una circunstancia, prepárate para aceptarla y vivir con ella.
- Pon una «orden de pérdida limitada» sobre tus preocupaciones. Decide cuánta ansiedad merece una situación dada y niégate a concederle más.
- Cuando las cosas no se presentan alentadoras, conviértete en tu propio entrenador y recupera la inspiración dirigiéndote a ti mismo unas palabras de ánimo.
- Minimiza la preocupación por las cuestiones financieras tomando medidas activas en la administración de tus ingresos y tus gastos.
- Cuando te abrumen las preocupaciones, recuerda lo que estaba grabado en el anillo del rey Salomón: «Y esto también se pasará».
- Reza. Cuando tenemos fe, contamos también con la fuerza necesaria para afrontar y vencer nuestras preocupaciones.

Capítulo 3

Preocupaciones relacionadas con el trabajo

Además de nuestras preocupaciones personales, la mayoría de nosotros se preocupa por cuestiones relacionadas con el trabajo. Nos preocupan nuestros jefes; nos preocupa la evaluación de nuestro rendimiento; nos preocupa no cumplir nuestros objetivos; y, a menudo, nos preocupa que reduzcan la plantilla y perdamos el puesto o que directamente nos despidan. En este capítulo vamos a pasar revista a algunas de esas preocupaciones y a ver qué se puede hacer para disiparlas o al menos minimizarlas.

La siguiente es una lista de las áreas que los trabajadores mencionan más cuando se les pregunta qué aspectos de su trabajo les preocupan más:

- Pérdida del trabajo.
- Cambio de las funciones laborales.
- Exigencia de realizar más trabajo del factible.
- Agobio temporal.
- Fechas límite y plazos.
- Expectativas poco claras.
- Aumento de las expectativas.
- Relación con el jefe.
- Relación con los compañeros de trabajo.
- Conflictos interpersonales.

- Formación inadecuada.
- Estar al corriente de los cambios en tecnología.
- Falta de oportunidades.

Primero fíjate en ti mismo

Jack se quejó a Phil, su mejor amigo. Las cosas no iban bien en el trabajo. Su jefe le exigía demasiado, y sus compañeros no le ayudaban; no había nadie en quien pudiera confiar. Le dijo: «No sé qué hacer. Dejaría el trabajo, pero el mercado laboral está difícil. ¿Qué debería hacer?».

Phil le contestó: «Jack, me dijiste eso mismo acerca de tu trabajo anterior. Tal vez el problema no esté en tu jefe ni en tus compañeros, sino en ti». Y Phil continuó: «Antes de culpar a otros de nuestros problemas, deberíamos echarnos un buen vistazo a nosotros mismos. ¿Qué estamos haciendo mal para causar estos problemas?». Entonces le contó a Jack cómo Benjamin Franklin se ocupaba de los asuntos que le causaban problemas.

Cada noche, después de trabajar, Benjamin Franklin revisaba lo que había hecho o dejado de hacer durante el día y cuáles eran las causas de sus fracasos. Descubrió que tenía trece defectos importantes, de los cuales había tres especialmente preocupantes: perder el tiempo, darle vueltas a nimiedades y contradecir a la gente. Se dio cuenta de que, a menos que abandonara esas malas costumbres, no iba a llegar muy lejos en la vida. Decidió ocuparse de los defectos de uno en uno y trabajar en ellos un día, una semana o el tiempo que hiciera falta para superarlos. Llevó un diario de lo que había hecho al respecto cada día, anotando los resultados. Le llevó dos años superar los trece defectos, pero todos sabemos en qué gran hombre se convirtió al final.

Jack era uno de esos individuos que se deprimen y a veces se ponen agresivos a la menor crítica. Tenía que aprender a aceptar que las críticas no eran un insulto, sino un medio de ayudarle a mejorar.

Walt Whitman lo resumió a la perfección: «¿Has aprendido lecciones sólo de quienes te admiraban, y eran tiernos contigo, y te cedían el paso? ¿No has aprendido grandes lecciones de quienes te rechazan y se unen contra ti, o te tratan con desprecio o te disputan el paso?».

En lugar de esperar a que nuestros enemigos critiquen nuestro trabajo o a nosotros, ganémosles en eso. Seamos nuestros críticos más severos. Descubramos y remediemos todos nuestros puntos débiles antes de que nuestros enemigos tengan la oportunidad de decir ni una palabra sobre ellos.

La gran mayoría de los científicos, antes de publicar los resultados de sus experimentos e innovaciones, los comprueba y vuelve a comprobar, los somete a un análisis riguroso y reproduce el trabajo; con frecuencia, varias veces. La integridad de su trabajo depende de la autoevaluación.

Hay ocasiones en las que tomamos decisiones que salen mal pero, debido a nuestra testarudez, rechazamos las críticas de quienes señalan nuestros errores y persistimos en llevarlas a cabo. Hace falta coraje para admitir que estábamos equivocados y hacer los cambios necesarios.

Un ejecutivo que hizo esto último fue Roberto Goizueta, por entonces director general de Coca-Cola. Cuando la compañía cambió la fórmula de su producto e introdujo la «Nueva Coca-Cola» hace varios años, lo hizo tras meses de investigación de mercado y experimentación. A pesar de la tremenda cantidad de trabajo y dinero invertida en la planificación del producto renovado, el público no lo aceptó. Goizueta podría haber racionalizado que los estudios de mercado estaban bien y que todo lo que se necesitaba era tiempo para que los consumidores se acostumbraran al nuevo sabor. Podría haber intentado justificar su decisión echando mano de estadísticas, análisis y estudios «científicos» que se habían efectuado. Pero no lo hizo. Goizueta reintrodujo inmediatamente el antiguo producto estándar, lo rebautizó «Coca-Cola Clásica» y convirtió lo que podía haber sido una catástrofe en un hábil golpe de mercadotecnia.

La mayoría de nosotros no acoge favorablemente las críticas y le cuesta cambiar una decisión que se ha esforzado mucho en tomar. Tal vez esperemos que salga bien con el paso del tiempo. Cuando nos critican, nos ponemos de inmediato a la defensiva, a menudo sin haber acabado siquiera de escuchar lo que nuestro crítico tiene que decir. Todos tendemos a acoger mal las críticas y a deleitarnos con los elogios, sin tener en cuenta si las críticas o los elogios son justificados. No somos criaturas lógicas, sino emotivas.

Si oímos decir que alguien ha hablado mal de nosotros, no tratemos de defendernos. Seamos originales y humildes y estemos abiertos a las nuevas ideas. Desconcertemos a nuestros críticos y ganemos nuestra aprobación diciendo: «Si mis críticos conocieran todos mis demás defectos, me habrían criticado con mucha más severidad».

Dale Carnegie resume en estas tres reglas la manera de no preocuparse por las críticas:

Regla número uno. Las críticas injustas a menudo vienen disfrazadas de cumplidos. Suelen significar que hemos despertado celos y envidia. Recuerda que nadie tira piedras a un árbol sin frutos o da patadas a un perro muerto.

Regla número dos. Hagámoslo lo mejor que podamos; y luego abramos nuestro viejo paraguas para impedir que la lluvia de críticas nos corra por la nuca y la espalda.

Regla número tres. Llevemos nota de las tonterías que hemos hecho y critiquémonos a nosotros mismos. Dado que no podemos ser perfectos, estemos abiertos a la crítica imparcial, útil y constructiva.

La evaluación del rendimiento

Para muchos empleados, la evaluación del rendimiento anual o semestral es uno de los momentos más preocupantes. Eleanor era una de esas personas. Su evaluación del rendimiento anual estaba programada para el día siguiente y no esperaba con ilusión precisamente el momento de reunirse con el jefe. Se sentía como una niña que tenía que ver al director del colegio. Incluso estaba nerviosa y muy asustada.

La mayoría de la gente tiene este tipo de reacción aun cuando sepa que ha hecho un buen trabajo. Está en la naturaleza humana temer una reunión de la que depende mucho: nuestro futuro inmediato –qué aumento de sueldo tendremos, cuál es nuestro futuro a largo plazo–, y todo depende de cuál sea la opinión que el jefe tiene de nuestro potencial. Y sabemos que por muy bien que hayamos hecho nuestro trabajo, el jefe siempre tendrá algo negativo que decir. A nadie le gusta recibir noticias desagradables.

ح

En lugar de preocuparnos por lo que los demás digan de nosotros, por qué no dedicar el tiempo a intentar conseguir algo que admirarán.

Dale Carnegie

ح

Autoevaluación del rendimiento

A sugerencia de un orientador laboral, Eleanor planeó una preparación sistemática para su evaluación. Para ello pidió una copia en blanco del formulario y revisó informalmente su propio rendimiento para ser capaz de analizarlo sistemáticamente, paso a paso, como hacía su jefe. Ahora, cuando se siente con su supervisor, será capaz de prever lo que va a decir sobre cada punto y podrá hacer sus propios comentarios al respecto.

Haz una lista de tus logros

La empresa de Eleanor usa unas hojas de calificación, en las que el supervisor cataloga a los empleados según una variedad de factores y hace comentarios específicos sobre los distintos puntos. Eleanor hizo su propia calificación para estar preparada con objeto de discutir las diferencias con la de su jefe. Para tener respaldo por si creía que su jefe no la había calificado justamente, hizo una lista de sus principales logros en el año pasado. Incluyó todas las cosas especiales que había conseguido y que contribuyeron al éxito del departamento, como las sugerencias que había hecho y que aceleraron el flujo de un proceso, las horas extra que hizo para permitir al departamento cumplir con un plazo muy justo, la formación especial que dio a un nuevo empleado actuando como su mentora, y consiguiendo así que fuese más productivo en menos tiempo. Incluyó también las áreas en las que había superado las cuotas de trabajo en un porcentaje significativo, su recomendación de un nuevo clasificador que aceleró mucho el envío de propuestas y el hecho de que no había faltado al trabajo ni llegado tarde en todo el año.

Considera tus deficiencias

Nadie es perfecto. Probablemente hayamos hecho cosas que no salieron bien y existan áreas en las que sabemos que podíamos haberlo hecho mejor. Es posible que nuestro supervisor saque a colación esto en la evaluación. Piensa en ello y, en vez de poner excusas, estate preparado para sugerir formas de superarlo.

Eleanor recordó que su supervisor la había reprendido unos meses atrás porque entendió mal las instrucciones de un encargo y tuvo que rehacer todo el trabajo. Estuvo muy disgustada porque creía que no era culpa suya. Las instrucciones no eran claras. Aunque era verdad, se dio cuenta de que tenía que asumir parte de la culpa pues no había hecho ningún esfuerzo para aclarar los aspectos que eran imprecisos.

Se preparó para hablar del tema en la evaluación si salía a relucir; pero no para echarle la culpa al supervisor, sino para explicar qué técnicas piensa usar para obtener mejor la información cuando recibe instrucciones.

También le preocupaba la pasión de su jefe por los ordenadores. Creía que todos los problemas se podían resolver con un tipo u otro de acción informática, y Eleanor no sabía mucho de algunos de los programas más sofisticados. Sabía que esto saldría en la evaluación, así que preparó lo que iba a decirle sobre los cursos a los que estaba asistiendo para obtener esos conocimientos.

Qué hacer en la evaluación

Recuerda que la discusión en la evaluación del rendimiento es una entrevista entre tu supervisor y tú. No es que el jefe te diga simplemente «Esto es lo que hiciste bien; esto es lo que hiciste mal». Es una interacción mutua. Es cierto que somos más receptores que emisores en esta interacción, pero nuestros comentarios son importantes.

Escucha atentamente. No interrumpas excepto para hacer preguntas aclaratorias. Si lo que el supervisor te dice no está claro, parafrasea lo que acaba de decir: «Entonces, entiendo que lo que quieres decir es que...?», o bien haz una pregunta específica sobre lo que ha dicho.

En ningún caso debemos discrepar o tratar de rebatir lo que se nos dice en este punto. Deja que el supervisor termine sus comentarios antes de hacer tú ninguno.

Sé constructivo. Por supuesto, si estás plenamente de acuerdo con la evaluación, dale las gracias al supervisor. Sin embargo, si no lo estás, éste es el momento de hacer una refutación. Si has preparado cuidadosamente una lista de tus logros y conoces tus deficiencias, podrás hacer puntualizaciones. Empieza dando las gracias a tu supervisor por su apoyo durante el pasado año, y luego di: «Entiendo todo lo que acabas de decir y aprecio tu franqueza; hay ciertos logros de los que estoy particularmente orgulloso, y por los que me felicitaste en su momento, que tal vez no hayas tomado en consideración». Y entonces enumeras dichos logros. Si te señalan tus deficiencias, no pongas excusas. En lugar de eso, di lo que estás haciendo para superarlas. Sugiere que antes de que la evaluación finalice, lo pensarás muy detenidamente.

Establecer objetivos para el futuro

En algunas empresas, una parte significativa del proceso de evaluación del rendimiento es la delimitación de objetivos. Si en la última evaluación se fijaron objetivos para este año, digamos cuán cerca hemos estado de cumplirlos. Si fueron modificados durante el año, expliquemos las circunstancias. Hablemos de cuáles son los objetivos para el año que viene. Pueden tomar la forma de objetivos específicamente profesionales, como aumentar la producción o desarrollar nuevos proyectos; o pueden ser objetivos más personales aunque relacionados con el trabajo, como aprender un idioma o un programa de ordenador, o estudiar para obtener un título universitario o hacer un curso de posgrado.

Una vez que consigas que tu jefe esté de acuerdo en que se trata de objetivos que valen la pena, comprométete a alcanzarlos. Si es apropiado, pídele apoyo a tu supervisor en esto. Muchas empresas animan a sus empleados a fijarse y alcanzar objetivos muy por encima del buen trabajo rutinario. Eso puede llevar a un mejor rendimiento profesional y a conseguir ascensos dentro de la organización. Eleanor reiteró su interés en aprender más cosas sobre aplicaciones informáticas y sugirió que estaría interesada en beneficiarse de la política de la empresa de reembolso de matrícula para dichos estudios.

No temas la evaluación del rendimiento. Puede ser una experiencia beneficiosa que merece la pena. Y podemos hacerla aún más valiosa para nosotros acudiendo a la entrevista bien preparados para manejarla de una manera profesional y constructiva.

Prevenir la fatiga y la preocupación en el trabajo

Cuando trabajamos en una profesión que requiere esfuerzo físico, nuestro cuerpo nos hace saber cuándo estamos cansados. Ése es el momento de hacer una pausa y descansar un poco antes de continuar. Pero hoy día muchos trabajos no son agotadores físicamente; requieren actividad mental y nuestro cuerpo no da señales de fatiga, pero nuestros procesos mentales pueden aflojar la marcha y nuestro rendimiento puede disminuir. Debemos aprender a dar pasos para prevenirlo. He aquí algunas sugerencias:

Descansar antes de fatigarse. Agnes era una de esas directoras que presionan a sus subordinados constantemente para que trabajen. Pensaba que la pausa matinal de un cuarto de hora para tomar café, la hora entera de la comida y los diez minutos de descanso vespertinos eran una pérdida de tiempo, así que recortó el descanso matutino a diez minutos, redujo el tiempo para comer a media hora y eliminó la pausa de la tarde. El resultado: la productividad cayó. Las pausas realmente permitían descansar a los trabajadores y producir más durante la jornada laboral.

Aprender a relajarse en el trabajo. Es cierto que hay profesiones en las que es esencial estar alerta al cien por cien. Un controlador aéreo, por ejemplo, no puede relajarse ni un segundo mientras guía a los aviones en su entrada o salida del aeropuerto. Por eso son esenciales para ellos los períodos de descanso frecuentes. Sin embargo, en la mayor parte de nuestros trabajos, podemos detenernos y relajarnos de vez en cuando para aliviar la tensión. Unos pocos minutos de ejercicios relajantes o de meditación en nuestro escritorio darán fruto en forma de un mejor rendimiento y menos preocupación por el trabajo.

Adquiere estas cuatro buenas costumbres laborales para prevenir la fatiga y la preocupación en el trabajo

1. Quita de tu escritorio todos los papeles que no estén relacionados con el problema inmediato del que te estás ocupando. Cuando el consultor en administración de empresas vio el escritorio de Max, se preguntó cómo podía éste lograr terminar nada. No sólo el escritorio, sino también el suelo alrededor estaba cubierto de documentos, carpetas y copias impresas. No era de extrañar que Max estuviera siempre atrasado en su trabajo y que no pudiese dormir por las noches preocupándose por cómo iba a poder estar al día con sus obligaciones.

   El consultor sugirió que el fin de semana siguiente Max y él se pusieran juntos a revisar cada papel de su escritorio y del suelo. Dividieron todos los documentos en cuatro categorías: proceder sobre ellos, delegarlos en otros, archivar y tirar a la papelera. Aquello les llevó varias horas, pero cuando acabaron el escritorio y el suelo estaban limpios.

2. El siguiente paso era aplicar este mismo enfoque a las actividades diarias de Max. De allí en adelante, Max conservó su escritorio libre de todos los documentos en los que no estaba trabajando en ese momento. Aprendió a priorizar los documentos entrantes, clasificándolos tras una primera lectura en las cuatro categorías mencionadas antes.

   A principios del siglo XX, Ivy Lee, un pionero en el campo de la consultoría en administración de empresas, hizo una visita a Charles Schwab, por entonces presidente de la siderúrgica United States Steel Company. Lee le dijo a Schwab que podía ayudarle a hacer su empresa más eficaz. Cuando Schwab manifestó su escepticismo, Lee le dijo: «Le voy a hacer una sugerencia hoy, y quiero que la lleve a la práctica durante un mes. Transcurrido ese tiempo, nos reuniremos otra vez y podrá pagarme la cantidad que le parezca que valía la idea. Si resulta que no tiene valor, no me deberá nada».

Schwab aceptó el reto y llevó a cabo la sugerencia de Lee. Cuando se reunieron de nuevo, Schwab le tendió a Lee un cheque por la cantidad de 25.000 dólares y dijo: «Es el mejor consejo que nunca me han dado. Ha funcionado tan bien en mi caso que se lo he transmitido a todos mis directivos».

Así pues, ¿cuál fue el consejo de Lee? *Prioriza.*

Cuando priorizamos, o damos prioridad a unas cosas antes que a otras, determinamos el grado de importancia de cada asunto de cara a cumplir nuestros objetivos. Dejemos que nuestras prioridades dicten cómo completar las tareas que tenemos por delante.

Todas las mañanas, al llegar al trabajo (o cada tarde antes de volver a casa), haz una lista de todas las cosas que quieres hacer ese día (o al día siguiente) y ordénalas por prioridades. Luego dedícate al primer asunto de la lista y no pases al siguiente hasta que hayas hecho todo lo que podías hacer al respecto. Te interrumpirán, por supuesto –ningún trabajo está libre de interrupciones–, así que encárgate de la interrupción y luego vuelve a lo que estabas haciendo. No dejemos que ninguna interrupción nos haga olvidar nuestras prioridades.

Probablemente no habrás hecho todas las cosas de la lista al final de la jornada; pero habrás realizado las tareas importantes. Coge las tareas restantes, únelas a las nuevas que han surgido y elabora otra lista priorizada para el día siguiente. Al final del mes, podemos advertir que hay algunos asuntos que siguen saliendo en la lista día tras día. Eso es señal de que no eran lo bastante importantes como para resolverlos.

En el capítulo 8 hablaremos de algunas sugerencias específicas sobre las técnicas de priorización.

3. Cuando te enfrentes a un problema, resuélvelo enseguida si tienes los datos necesarios para tomar una decisión. Se pierden demasiadas horas en reuniones o conferencias en las que se da vueltas y más vueltas a un problema para, finalmente, posponer la discusión hasta otra reunión.

Al planificar una reunión, asegurémonos de que todos los participantes tienen toda la información necesaria sobre los problemas que se van a debatir, ciñámonos a los hechos al hablar de cada problema y lleguemos a una decisión antes de abordar el siguiente. Por supuesto, habrá ocasiones en las que se necesiten más datos para poder encontrar la mejor solución posible; pero, con la preparación adecuada, tales situaciones se pueden minimizar.

4. Aprende a organizar, suplir y delegar. No podemos hacerlo todo nosotros solos. Los directivos eficientes reúnen equipos de subordinados que están muy versados en sus respectivos trabajos y son competentes para tomar decisiones. Debemos tener suficiente confianza en los miembros de nuestro personal para darles el poder de desempeñar su trabajo sin que supervisemos hasta el último detalle de lo que hacen.

ಲ

Nuestro cansancio normalmente no es por el trabajo, sino por la preocupación, la frustración y el resentimiento.

Dale Carnegie
ಲ

Conflictos en el trabajo

Otra gran fuente de preocupaciones para muchas personas en su situación laboral es no llevarse bien con sus compañeros de trabajo. Con frecuencia se dice que el ser capaz de manejar los conflictos de una manera productiva es una de las cualidades más difíciles de adquirir para la gente.

En su mayoría, los conflictos internos están relacionados con una o más de las categorías siguientes, que podemos recordar por el acrónimo PEDIR:

Proceso: cómo opera una organización diariamente.

Externos (factores): consideraciones como el tiempo y el dinero que pueden ejercer una influencia indebida en la organización.

Dirección: la forma de proceder de la organización en relación con sus Procedimientos Normalizados de Trabajo (PNT).

Interpersonal: qué tal se llevan los diferentes miembros del personal.

Roles: quién hace qué en la organización.

Examinemos estos factores:

Proceso: toda organización tiene su propio protocolo para las relaciones interpersonales. En muchas empresas los empleados pueden tratar con los miembros de su propio equipo de una manera informal, pero cuando interactúan con personas de otro grupo lo hacen de una forma más estructurada, como por ejemplo siguiendo ciertos trámites o cauces. Si surgen conflictos entre miembros del mismo equipo, el supervisor debe resolverlos. Si el conflicto es con miembros de otros grupos, se requiere un sistema de resolución más complejo.

Externos (factores): las organizaciones no funcionan en el vacío. Por muy bien organizadas que estén, pueden presentarse factores externos que causen conflictos que haya que resolver. Entre estos factores externos que pueden producir conflictos están los cambios importantes en tecnología, las recesiones económicas, los conflictos laborales con sindicatos, la nueva legislación o bien acciones emprendidas por el gobierno que afecten a la empresa.

Dirección: la mayoría de las grandes organizaciones tienen manuales en los que se especifican métodos sistematizados para encargarse de las cuestiones rutinarias. Estos PNT o Procedimientos Normalizados de Trabajo constituyen una guía para los trabajadores y los supervisores en estas áreas, de modo que no sea necesario tomar una y otra vez las mismas decisiones en las actividades cotidianas. Se pueden evitar muchos conflictos si estas indicaciones son claras y se entienden fácilmente. La responsabilidad del directivo es asegurarse de que sus subordinados sigan los PNT y ocuparse de aquellos otros aspectos del trabajo no contemplados por los PNT.

Interpersonal: todo grupo o equipo de una organización está formado por individuos, cada uno de los cuales tiene su propia personalidad, dotes, manías y hábitos de trabajo. Es frecuente que los miembros de un grupo no estén de acuerdo en cómo hacer un trabajo o, lo que es más serio, que tengan antagonismos personales. Tales situaciones suponen una causa importante de preocupación. Por ejemplo, Amy y su compañera de equipo Susie estaban constantemente enfrentadas. Susie era una de esas personas dominantes que creen que siempre tienen razón y están todo el tiempo discutiendo no sólo de asuntos de trabajo, sino incluso de las cuestiones personales. Susie estaba encantada con ese ambiente de trabajo, pero Amy no dormía a causa de él, temía el momento de llegar al trabajo cada día y la situación acabó por afectar a su salud.

Connie, la líder del equipo, reconoció que esto era un problema y lo consultó con el director de recursos humanos. Transfirieron a Amy a otro equipo y la reemplazó una mujer con más carácter que podía tratar con Susie en igualdad de condiciones.

Roles: muchos conflictos surgen en situaciones en las que creemos que nos han endosado tareas que deberían hacer otros, o cuando un proyecto que esperábamos realizar nosotros se lo dan a otra persona. Estos conflictos se pueden evitar mediante descripciones del cometido de cada uno claras y comprensibles.

Estrategias para reducir los conflictos

En el trabajo podemos tener conflictos con nuestros compañeros. Aquí tienes algunas sugerencias que pueden ayudarte cuando te enfrentes a un conflicto de este tipo:

- Trata de ver las cosas con los ojos del otro. ¿Cómo ve él el asunto? ¿Qué diferencias hay con respecto a mi visión?
- Usa mensajes en primera persona del singular o del plural, no en segunda persona.
- Si hay una diferencia de valores, acepta siempre el valor superior.
- Comprométete de verdad.
- Pregúntate: «¿Cuánto control tengo sobre este factor?».
- Decide librar sólo batallas que valgan la pena.
- Dedica tu energía a cosas que puedas hacer, en lugar de quejarte sobre lo que no puedes hacer.
- Haz algo bueno por otros.
- Mantén la perspectiva y tu rumbo en la vida.
- Habla con alguien en quien confíes.

Si eres supervisor o directivo, pueden producirse conflictos en tu departamento y tu cometido es resolverlos. Aquí tienes algunas sugerencias al respecto:

- Pregúntate a ti mismo cuánto control tienes sobre este asunto. Identifica la verdadera causa del problema y analiza la oportunidad de mejora.
- Reúne toda la información que puedas sobre el problema. Aclárralo. Habla con las personas implicadas. Con frecuencia, los antagonistas ven la naturaleza exacta del problema de forma diferente.
- Pide sugerencias a los participantes para resolver el problema. Trabaja con ellos para alcanzar un consenso que satisfaga a todos.
- Si las partes del problema no pueden llegar a un acuerdo, sugiere una solución viable y elabora un plan de acción. Establece un calendario para cada paso de la solución propuesta y comprueba los progresos que se vayan haciendo.
- Una vez que nos hemos ocupado del problema, es una buena idea dar un paso atrás para analizar objetivamente cómo lo he-

mos manejado. Determina cuán eficaz fue tu parte en el procedimiento comparada con la de los demás implicados en el asunto. Pregúntate:

— ¿Asumí la responsabilidad de aclarar mi cometido a los demás implicados?

— Como resultado de esta experiencia, ¿estoy preparado para cambiar la percepción de mi cometido en la resolución de futuros conflictos?

— ¿Reconocen y aceptan mis subordinados mi disposición a ser flexible en el cumplimiento de los objetivos de la organización?

— ¿Hasta qué punto han influido mis inclinaciones y prejuicios personales en mis actos y mi decisión?

— ¿Qué comportamientos podría cambiar para reducir la posibilidad de futuros conflictos en mi departamento? Comprométete a llevar a cabo estos cambios un mínimo de tres meses.

— Pregunta a las otras personas implicadas cómo podrías haber apaciguado el conflicto. Pide su opinión franca y honesta.

— ¿Cómo creo que ven ellos mi compromiso con la reducción de conflictos en el departamento?

೮

Ocúpate en algo. Mantente ocupado. Es el medicamento más barato que existe en la Tierra y también uno de los mejores.

Dale Carnegie
೮

Miedo a perder el trabajo

El miedo a perder el puesto de trabajo probablemente sea el motivo de preocupación más serio. No hay garantías de que ningún trabajo sea seguro. Hasta las personas mejores y más leales pueden perder sus empleos cuando las condiciones económicas empeoran.

A menos que la empresa se disponga a echar el cierre de forma permanente, tiene que conservar un número significativo de trabajadores para sobrevivir. Los pedidos siguen llegando y hay que despacharlos. No todos los clientes desaparecerán. ¿Qué podemos hacer para estar entre los empleados que conserva la empresa cuando hay reducción de plantilla? Nuestras posibilidades de sobrevivir pueden aumentar si damos algunos de los pasos siguientes para destacar como empleados valiosos.

Ser buenos en lo que hacemos

El primer requisito es la eficiencia: es básica. A menos que hagamos bien nuestro trabajo, todos los planes que tengamos para sobrevivir fracasarán. Debemos aprender todo lo que podamos sobre nuestro puesto, los demás puestos de nuestro departamento y los objetivos que la empresa espera que cumplamos. Pero eso es sólo el comienzo. No debemos limitarnos a hacer bien nuestro trabajo; debemos hacer sugerencias sobre cómo se podría mejorar. Sobre todo, debemos poner alto el listón para nosotros y para las personas que supervisamos; y velar por que lo superen.

Estar al corriente de la tecnología

En el dinámico mundo en el que vivimos, las cosas cambian constantemente. Esto es algo obvio en el trabajo técnico y profesional, pero todo el mundo —no sólo quienes tradicionalmente realizan las tareas técnicas– debe estar al corriente de lo último en sus respectivos campos. Por ejemplo, Diane, supervisora en una oficina, está suscrita a varias revistas de administración. Tiene por costumbre visitar exposiciones de material de oficina. Como consecuencia, su empresa fue capaz de sacar partido entre las primeras de algunos de los sistemas y equipos más nuevos del mercado, incluyendo una revisión completa de todos sus equipos de comunicaciones. Cuando la empresa fusionó varios departamentos, algunos supervisores se encontraron en la calle; pero estaba fuera de toda duda que Diane conservaría su empleo.

Ampliar el puesto

Kevin, uno de los varios coordinadores de ventas de su empresa, era responsable del seguimiento desde el momento en que se producía la venta hasta que las mercancías eran despachadas. Si los clientes tenían problemas con el producto después de recibir el cargamento, tenían que tratar con el departamento de atención al cliente, donde a menudo tenían que recurrir a Kevin para obtener la información necesaria. Kevin desarrolló un sistema para consolidar esta situación. A consecuencia de ello tuvo más trabajo, pero su valía aumentó a ojos de la empresa.

Ser visibles

A muchos buenos trabajadores no les conoce nadie en su empresa excepto su jefe inmediato. Cuando el departamento de Tracey fue fusionado con otro, su supervisor fue transferido a otro lugar. Para determinar qué miembros del personal conservaría, el nuevo supervisor habló de cada uno de ellos con altos directivos de la empresa. Pero ninguno de estos ejecutivos conocía realmente a Tracey; así que, a pesar de su buen hacer, prescindieron de ella.

Para hacernos visibles, debemos asegurarnos de que otros directivos, aparte de nuestro jefe inmediato, nos conozcan. Una forma de conseguirlo es hablar en las reuniones. Muchas personas son «invisibles» porque son reacias a participar activamente en las reuniones y se guardan sus ideas para sí mismas. Otra manera de destacar es ofrecerse voluntario para hacer tareas que nos permitan tratar con otros ejecutivos, como por ejemplo proyectos interdepartamentales.

Actuar positivamente

Cuando Shirley se enteró de que su empresa estaba planeando hacer un reajuste de plantilla, adoptó una actitud totalmente negativa. Supuso que la iban a despedir y este pensamiento negativo se reflejó en su trabajo. Se decía a sí misma: «¿Para qué me voy a matar a trabajar si no voy a durar mucho aquí?». Redujo su ritmo, empezó a cometer más errores y criticaba todo lo que su supervisor sugería; psicológicamente hablando, había «dimitido» de antemano, antes del posible despido.

Su compañera, Vicki, era más positiva. Pensó: «Soy buena en mi trabajo, así que probablemente la empresa no prescindirá de mí». Se esforzó más y trabajó con más eficacia. Cuando se necesitaba un trabajo especial, no dudaba en hacerlo. Siguió entregándose a su trabajo con el mismo esfuerzo y energía de siempre, o incluso más. En las mentes de los directivos hubo pocas dudas respecto a cuál de estas dos personas debían conservar.

Ser flexibles

Elliot había dirigido su establecimiento durante dos años y le comentaba a todo el mundo con orgullo que era director. Desgraciadamente, debido a la situación económica, la cadena a la que pertenecía creyó necesario cerrar ese establecimiento. Le ofrecieron a Elliot un puesto de subdirector de otro de los establecimientos; pero pensó: «¿Cómo voy a aceptar un puesto inferior? ¿Cómo voy a decirles a mis amigos que ya no soy director? Tal vez debería buscar un empleo de director en otra cadena».

Sin embargo, tras meditarlo detenidamente, Elliot comprendió que era respetado y apreciado en su actual empresa y que si se mostraba flexible podría sobrevivir a ese revés temporal hasta que pudiese reanudar su carrera dentro de la organización.

Aceptar un puesto diferente del que teníamos o ser transferidos a otro departamento, por ejemplo, puede suponer algunas molestias o incluso una reducción de nuestros ingresos, pero es mejor que no tener trabajo o que cambiar a otra empresa en la que no nos conocen de nada y tenemos que partir de cero.

Prepararse para buscar otro trabajo si es necesario
Hay ocasiones en las que no podemos hacer nada para evitar la pérdida de nuestro puesto de trabajo. En ese caso deberíamos prepararnos para dar los pasos necesarios de cara a conseguir otro empleo. Deberíamos preparar un currículum subrayando nuestros logros en el pasado y en nuestro trabajo actual. Deberíamos revisar los contactos que hemos hecho a lo largo de nuestra carrera profesional para crear una red que pueda facilitarnos el acceso a otro empleo.

No hay motivo para sentirse culpable, incompetente o avergonzado si perdemos el trabajo debido a la decisión de nuestra empresa de reducir plantilla, reorganizarse, mudarse a un lugar lejano o cerrar. Deberíamos hacer lo mejor que podamos para minimizar el riesgo, pero a menudo escapa de nuestro control. Ten en cuenta que la preocupación no te ayudará a conseguir otro trabajo. En vez de preocuparte, convierte esa energía en acción para la búsqueda de empleo.

Lo más importante

- Seamos nuestros críticos más severos. Descubramos y remediemos todos nuestros puntos débiles antes de que nuestros enemigos tengan la oportunidad de decir ni una palabra sobre ellos.
- No dejemos que las críticas de otros nos preocupen. Las críticas injustas a menudo vienen disfrazadas de cumplidos. Suelen significar que hemos despertado celos y envidia. Hagámoslo lo mejor que podamos; y luego abramos nuestro viejo paraguas para impedir que la lluvia de críticas nos corra por la nuca y la espalda.

- Dado que no podemos ser perfectos, estemos abiertos a la crítica imparcial, útil y constructiva.
- Preparémonos para una evaluación formal del rendimiento autoevaluándonos objetivamente, creando una lista de nuestros logros y haciendo sugerencias sobre los pasos que pensamos dar para mejorar.
- Reduce la fatiga de las tareas diarias:
  — Tómate descansos periódicos.
  — Relájate cuando la tensión empiece a acumularse.
  — Mantén tu escritorio libre de documentos irrelevantes.
  — Prioriza.
  — Resuelve cada problema antes de abordar el siguiente.
  — Organiza, suple y delega.
- En el trabajo podemos tener conflictos con nuestros compañeros. Aquí tienes algunas sugerencias que pueden ayudarte cuando te enfrentes a un conflicto de este tipo:
  — Trata de ver las cosas con los ojos del otro.
  — Usa mensajes en primera persona del singular o del plural, no en segunda persona.
  — Si hay una diferencia de valores, acepta siempre el valor superior.
  — Comprométete de verdad.
  — Decide librar sólo batallas que valgan la pena.
  — Dedica tu energía a cosas que puedas hacer, en lugar de quejarte sobre lo que no puedes hacer.
- Cuando te enfrentes a una posible pérdida del trabajo, da pasos afirmativos para tener más posibilidades de conservar el puesto.

Capítulo 4

Cómo desarrollar una actitud mental positiva

El libro de los Proverbios de la Biblia proclama: «Pues como él piensa en su interior, así es él». James Allen, el escritor y filósofo estadounidense del siglo XIX, señaló que este adagio es aplicable a toda condición y circunstancia en los afanes de la humanidad. Cada uno de nosotros es literalmente lo que piensa; nuestro carácter es la suma total de todos nuestros pensamientos.

Allen escribió esto en su libro *Como un hombre piensa, así es su vida:*

> El pensamiento de la mente nos ha hecho. Lo que somos fue forjado y construido por nuestro pensamiento. Si la mente de un hombre tiene malos pensamientos, el dolor le sobreviene como viene la rueda detrás del buey […] Si uno resiste con pureza de pensamiento, la felicidad lo sigue como su propia sombra, seguro.
>
> El hombre es crecimiento por ley y no una creación por artificio, y causa y efecto son tan absolutos e inequívocos en el oculto reino de los pensamientos como en el mundo de las cosas visibles y materiales. Un carácter noble y divino no es una cuestión de favor o del azar, sino el resultado natural de un esfuerzo continuado de pensar correctamente, el efecto de una largamente abrigada asociación con pensamientos divinos. Un carácter innoble y bestial, por el mismo proceso, es el resultado del continuo abrigar pensamientos rastreros.

El hombre se hace o se deshace a sí mismo; en la armería del pensamiento forja las armas con las cuales se autodestruye; también forja las herramientas con las cuales construye para sí mansiones celestiales de gozo, fortaleza y paz. Mediante la elección correcta y la auténtica aplicación del pensamiento, el hombre asciende a la perfección divina; mediante el abuso y la aplicación incorrecta del pensamiento, desciende por debajo del nivel de la bestia. Entre estos dos extremos están los grados del carácter, cuyo creador y dueño es el hombre mismo.

En la mayoría de los casos, la batalla de la vida se libra cuesta arriba. Si no hubiera dificultades, no habría éxito; si no hubiera nada por lo que luchar, no habría nada que ganar. Las dificultades pueden intimidar al débil, pero sólo son un estímulo sano para las personas decididas y valientes. En su totalidad, el progreso humano se consigue por lo general mediante una buena conducta constante, entusiasmo sincero, actividad, perseverancia y, por encima de todo, la firme decisión de vencer las dificultades y soportar valientemente las desgracias.

El camino al éxito puede ser muy empinado, y pone a prueba las energías de los que alcanzan la cumbre. Pero la experiencia nos enseña pronto que los obstáculos se pueden superar batallando con ellos, y que la ayuda más eficaz para hacer realidad el objetivo propuesto es la convicción moral de que podemos alcanzarlo y de que vamos a hacerlo. De este modo, las dificultades a menudo disminuyen por sí solas ante la determinación de superarlas.

No podemos saber qué hacer hasta que lo hayamos intentado. Sin embargo, la mayoría de nosotros no lo intenta con todo su empeño hasta que no se ve obligado a ello.

ళ

Nunca somos derrotados, con tal de que no pensemos que el trabajo es imposible.

Dale Carnegie
ళ

La importancia de la autoestima

Algunas personas tienen tan poca confianza en sí mismas que temen intentar siquiera cumplir objetivos que no sean los más limitados. Muchas de estas personas tienen dotes y posibilidades que no aprovechan porque no se creen capaces de enfrentarse a los desafíos y las dificultades del trabajo y la vida que les proporcionarían una mejor existencia.

Las personas con autoestima alta creen que tienen más probabilidades de tener éxito en la mayoría de las cosas que hacen. Se respetan a sí mismas y saben que los demás las respetan también. Esto no quiere decir que sean siempre optimistas en todo, que siempre estén alegres y sonrientes. Todos tenemos días malos y pasamos por temporadas en las que todo parece salir mal. Pero las personas con autoestima alta lo aceptan y no permiten que eso les abrume.

Por desgracia, muchas personas tienen una opinión muy pobre de sus propias aptitudes. Se ven a sí mismas como fracasadas y, cuando algo les sale bien, lo consideran un golpe de suerte. Tienen serias dudas sobre su capacidad. Dale Carnegie enseñó en sus cursos que, para poder hacer una cosa, cada uno de nosotros debe creer que es capaz de hacerla. Poco podemos hacer si dudamos de nuestra capacidad. Si nuestro propósito está respaldado por una fe sólida y una ambición elevada, no encontraremos consuelo, descanso ni satisfacción hasta que lo consigamos.

La clave para tener éxito empieza por creer en nosotros mismos. Las personas con autoestima alta creen que tienen más probabilidades de tener éxito en la mayoría de las cosas que hacen. Se respetan a sí mismas y saben que los demás las respetan también.

Las personas con más éxito no nacieron con el éxito programado en sus genes. Sus historias a menudo muestran que tuvieron que superar la pobreza, la depresión y lo que parecían enormes dificultades antes de poder alcanzar sus metas.

Para hacerlo tuvieron que cambiar la imagen de sí mismas de negativa a positiva y luego aplicar su determinación, dedicación y esfuerzo a la tarea de lograr el éxito que ellas mismas habían escrito de antemano.

Todos podemos dar este paso. Requiere dedicación y un esfuerzo interminable; pero, si quieres salir de ese hoyo, puedes –y de hecho debes– hacerlo.

Algunos pasos que hay que dar:

- Querernos a nosotros mismos. A menos que nos respetemos de verdad, no podemos esperar que otros nos quieran y respeten.
- Confiar en nosotros mismos. No dudar en tomar decisiones sobre la propia vida. Si nos fijamos objetivos y tenemos confianza en que triunfaremos, no tenemos que temer tomar la decisión que nos ayude a lograr esos objetivos.
- Acentuar lo positivo. Por supuesto que podemos tener algunos fracasos por el camino, pero no pensemos obsesivamente en ellos. Centrémonos en nuestros logros día a día y nuestro deseo de tener éxito se verá reforzado.
- La autoestima es perecedera. Hay que alimentarla y reforzarla constantemente. Se alimenta con palabras, hechos, actitudes; con la experiencia y con nuestro compromiso de mantenerla.
- Deberíamos exigirnos mucho a nosotros mismos. Cuando tenemos un pequeño éxito no es el momento de volverse autocomplacientes. Usemos los pequeños éxitos como incentivos para aspirar a logros mayores.
- Emulemos a las personas de éxito. Leamos las biografías de grandes hombres y mujeres para aprender de su experiencia e inspirarnos en su dedicación. Busquemos héroes contemporáneos y emulémoslos.

Tengamos pensamientos positivos. Tengamos por costumbre reemplazar las palabras negativas de nuestra mente por otras positivas. En lugar de palabras de desesperación, busquemos palabras de esperanza; en lugar de palabras de fracaso, palabras de éxito; en lugar de palabras de derrota, palabras de victoria; en lugar de palabras de preocupación, palabras de aliento; en lugar de palabras de apatía, palabras de entusiasmo; en lugar de palabras de odio, palabras de amor y autoestima.

ର

Tengamos pensamientos de paz, valor, salud y esperanza, porque nuestras vidas son la obra de nuestros pensamientos.

Dale Carnegie

ର

Nuestra fuerza está dentro de nosotros

Una de las cosas más tristes de la vida es ver a hombres y mujeres que, cuando son vapuleados por la adversidad, pierden la ambición. Estas personas, que empezaron con perspectivas prometedoras, han permitido que sus ideales se hagan vagos y borrosos, que sus estándares bajen, que su ambición se hunda, que el fuego de su energía se agote y su entusiasmo se enfríe debido a que han perdido la esperanza.

No hay una cualidad que requiera más vigilancia, custodia y cultivo que la ambición. Si no la alimentamos no vive y crece; y en el momento en que empezamos a hacer caso omiso de ella comenzamos a ir cuesta abajo. Nuestra energía decae; y poco a poco se deterioran nuestra apariencia, nuestra conducta, nuestro lenguaje. Nos hacemos desaliñados en el vestir, descuidados en nuestras maneras y nuestro trabajo, hasta que finalmente perdemos todo el amor propio y nos deslizamos rápidamente hasta el pie de la colina.

Si nuestra ambición no se mantiene bien viva, si es intermitente, si tiende a decaer, especialmente con el desánimo, deberíamos alimentarla y fortalecerla de todas las maneras posibles. La única forma de ascender es mantener la vista fija en nuestra estrella. Debemos visualizar lo que queremos ser, tenerlo presente constantemente e intentar alcanzarlo con todas nuestras fuerzas.

Debemos aspirar a hacer cada día mejor nuestro trabajo. Deberíamos comportarnos como si marcháramos hacia la victoria y darle a todo el mundo la impresión de que somos ambiciosos y estamos destinados a triunfar. Debemos mantener el nivel de éxito física y mentalmente. Hemos de estar pendientes de la más ligera indicación de descenso del nivel, de cualquier señal de que nos rebajamos. Pero si nos empeñamos constantemente en vivir de acuerdo con un ideal elevado, nuestra ambición nunca decaerá.

Ponte en acción

Una vez que hemos determinado que no vamos a permitir que la adversidad o el fracaso dominen nuestras vidas, debemos decidir qué hacer de inmediato para animarnos y subir nuestra moral. Y entonces… ¡pongámonos ahora mismo en acción!

La mera ambición de hacer, incluso la más firme determinación, la resolución más enérgica de llevar a cabo algún plan o proyecto, no nos fortalecerá ni una pizca a menos que nos pongamos a trabajar en él. De hecho, la planificación, la decisión de hacer cosas, por magnas que sean, si no van acompañadas de la ejecución nos debilitarán. Ya podemos estar en un gimnasio y mirar los aparatos toda la vida, que si no los usamos no nos fortaleceremos ni un ápice. Las poleas, las pesas y las barras paralelas sólo desarrollan nuestra musculatura cuando hacemos ejercicio con ellas. Es el hacer realmente una cosa lo que desarrolla el músculo de nuestro carácter, fortalece nuestra determinación y apoya nuestra ambición.

Si te caes del caballo, vuelve a montar

No es raro que una decepción importante, ya sea en el trabajo o en otros aspectos de la vida, haga que nuestra moral se hunda y suponga un duro golpe para la confianza en nosotros mismos. A menos que hagamos algo al respecto inmediatamente, esa situación puede degenerar en autocompasión, fracaso e infelicidad.

Siempre se ha dicho que, si te caes del caballo, a menos que vuelvas a montar en él –y sin demora– tu miedo irá creciendo hasta que, finalmente, temas a los caballos para siempre.

No dejes que tus enemigos tengan poder sobre ti

Clyde era uno de esos individuos que se pasan todo el tiempo enfadados por insultos, agravios o falta de respeto cometidos por otros, ya fueran reales o producto de su imaginación. Dedicaba una cantidad desproporcionada de tiempo y energía a buscar formas de vengarse.

Cuando dejamos que ese odio a nuestros «enemigos» domine nuestros pensamientos, les estamos dando poder sobre nosotros. Nos mantiene despiertos por las noches, nos quita el apetito y eleva nuestra tensión arterial. Nuestro odio no les hace daño a ellos, pero a nosotros nos amarga la vida. Cuando nos concentramos en la venganza, nos hacemos más daño a nosotros mismos que a ellos. Nuestros enemigos saltarían de alegría si supieran que nuestro odio nos agota y nos desquicia los nervios, arruina nuestra salud y, probablemente, acorte nuestra vida.

Aunque no seamos tan santos como para amar a nuestros enemigos, por nuestra propia salud y felicidad, al menos perdonémoslos y olvidémoslos.

ↄ

No tratemos nunca de pagar con la misma moneda a nuestros enemigos,
porque, si lo hacemos, nos haremos más daño nosotros
que el que les hagamos a ellos.

Dale Carnegie
ↄ

Si tienes un limón, haz limonada

Sam era uno de esos individuos que se dan por vencidos cuando las cosas no van bien. Esperaba el fracaso y, cuando se producía, se encogía de hombros y decía: «Estoy apañado. Es el destino. Siempre pasa lo mismo. Ya me ha entregado la vida otro limón». Bien, el fracaso es amargo y agrio como un limón; pero cuando se le da esta fruta a alguien que piensa en plan positivo, dice: «¿Qué lección cabe aprender de esta desgracia? ¿Cómo puedo mejorar esta situación? ¿Cómo puedo convertir este limón en una limonada?».

Dale Carnegie cuenta la historia de un labrador de Florida que convertía en limonadas hasta los limones venenosos. Después de adquirir su granja, quedó desalentado. La tierra era tan pobre que no había modo de cultivarla ni de que sirviera siquiera para la cría de cerdos. Allí no crecía nada, salvo robles esmirriados y serpientes de cascabel. Pero nuestro hombre tuvo una idea. Transformaría el pasivo en activo; sacaría todo el provecho posible de aquellas serpientes. Para asombro de todos, se dedicó a las conservas de carne de serpiente de cascabel. Además, vendía las pieles para la fabricación de zapatos y bolsos de mujer y enviaba el veneno de los colmillos a laboratorios para la producción de antídoto. El negocio era espléndido. Miles de turistas acudían a su criadero de serpientes cada año. Su pensamiento positivo creó una industria. Había transformado un limón venenoso en dulcísima limonada.

La historia está repleta de ejemplos de hombres y mujeres que superaron obstáculos físicos y mentales para alcanzar el éxito. Niños nacidos de padres empobrecidos que al llegar a la edad adulta se hacen millonarios. Milton escribió mejor poesía después de quedarse ciego, y Beethoven compuso música sublime a pesar de su sordera. La brillante carrera de Helen Keller fue posible debido a su ceguera y su sordera. La historia de los negocios en Estados Unidos está repleta de casos de hombres como W. Clement Stone, que tuvo que vender periódicos de niño para mantener a su familia y superó innumerables obstáculos para convertirse en multimillonario.

Hay veces en las que estamos tan desanimados que creemos que no hay la menor esperanza de convertir nuestros limones en dulce limonada. He aquí dos razones para intentarlo de todos modos:

- Primera razón: podemos tener éxito.
- Segunda razón: aun cuando no tengamos éxito, el mero intento de convertir nuestra desventaja en una ventaja hará que miremos hacia delante en lugar de hacia atrás. Reemplazará los pensamientos negativos por otros positivos; liberará energía y nos espoleará para que estemos tan ocupados que no tengamos tiempo ni ganas de lamentarnos por lo que ya pasó y se fue para siempre.

Debemos cultivar una actitud mental que nos reporte paz y felicidad. No dejemos que los agrios limones nos arruinen la vida; podemos, si lo intentamos, convertirlos en dulce limonada.

Lo más importante

- Las cinco condiciones del fracaso son las siguientes: la primera es la pereza, y en particular la mental; la segunda es la falta de fe en la eficacia del trabajo; la tercera es la confianza en la suerte; la cuarta es la falta de coraje, iniciativa y persistencia: la quinta es la creencia en que nuestro trabajo influye en nuestra posición, en lugar de en que tenemos el poder de influir en la posición de nuestro trabajo.
- Aunque no consigamos nada más en la vida, librémonos de la preocupación. No hay mayores enemigos de la armonía que las pequeñas preocupaciones y los desvelos nimios.
- El derroche de energía más deplorable de la vida humana se produce cuando esperamos el mal, cuando tememos lo que el futuro nos tiene reservado. La mayoría de las veces ese miedo o esa preocupación no están justificados por la situación. Es imaginario y carece de todo fundamento. Lo que tememos invariablemente es algo que aún no ha sucedido.

- Mientras sigamos irradiando dudas y desánimo, seremos unos fracasados. Si queremos escapar de la desesperación, debemos mantener nuestras mentes productivas y creativas. Y, para conseguir esto, debemos tener pensamientos llenos de confianza, alegres y creativos. Antes de poder vivir en un nuevo mundo, debemos verlo.

- No hay ninguna deshonra en una derrota inevitable. La vergüenza está en no hacer todo lo posible por mejorar nuestra condición. Deberíamos avergonzarnos sólo de los fracasos que podemos evitar; no sólo porque no dicen mucho de nuestra capacidad y hacen que los demás nos menosprecien, sino también porque harán que pensemos peor de nosotros mismos.

- La única forma de ascender es mantener la vista fija en nuestra estrella. Debemos visualizar lo que queremos ser, tenerlo presente constantemente e intentar alcanzarlo con todas nuestras fuerzas. Lo importante es que siempre haya un motivo impulsor detrás de nuestro trabajo y un objetivo estimulante por delante de nosotros, algo grandioso que esperar con impaciencia, algo que estimule nuestra ambición, que satisfaga nuestras aspiraciones. Miremos los fracasos como escollos temporales que no nos disuadirán de perseguir dichas aspiraciones.

- La firmeza de carácter es el resultado de superar las dificultades. Es imposible que alguien que no tiene que luchar y superar obstáculos desarrolle coraje o capacidad de esfuerzo. La vida es un gran gimnasio, y nadie que se siente en una silla a contemplar las barras paralelas y otros aparatos desarrollará jamás su musculatura o su resistencia.

- Debemos mantener el nivel de éxito física, mental y moralmente. Hemos de estar pendientes de la más ligera indicación de deterioro o descenso del nivel, de cualquier señal de que nos rebajamos. Pero si nos empeñamos constantemente en vivir de acuerdo con un ideal elevado, nuestra ambición nunca decaerá.

- No es raro que una decepción importante, ya sea en el trabajo o en otros aspectos de nuestra vida, haga que nuestra moral se hunda y suponga un duro golpe para la confianza en nosotros mismos. A menos que hagamos algo al respecto inmediatamente, puede degenerar en autocompasión, fracaso e infelicidad.

- No tratemos nunca de pagar con la misma moneda a nuestros «enemigos», porque, si lo hacemos, nos haremos más daño nosotros que el que les hagamos a ellos.

- Una de las trágicas secuelas del fracaso y la decepción es la caída en una depresión profunda. Nunca nos deberíamos considerar fracasados. Lo que *hicimos* fracasó, pero nosotros no *somos* fracasados. Todo ser humano ha tenido fracasos. Seguimos siendo las mismas personas fuertes, inteligentes y seguras de sí mismas que siempre fuimos. Descarta el fracaso; aprende de él, y avanza hacia nuevos éxitos. Convierte esos limones amargos en dulce limonada.

Capítulo 5

Vence tu miedo

El miedo es el más extendido de todos los estados mentales lúgubres que se reflejan tan desastrosamente en el sistema humano. Tiene muchos niveles: desde el estado de terror extremo hasta la simple inquietud acerca de algún mal inminente, pasando por la alarma o el susto. Pero siempre produce reacciones en el sistema nervioso que pueden entorpecer las funciones vitales normales. Puede causar depresión mental, moral y espiritual, enervamiento y algunas veces crisis psicológicas.

El miedo destruye la iniciativa

Cuando una publicación entrevistó a dos mil quinientas personas, descubrió que tenían más de siete mil miedos diferentes. Los más frecuentes eran el miedo a morir, el miedo a perder el trabajo, el miedo a hablar en público, el miedo a la pobreza, el miedo a las enfermedades contagiosas, el miedo a desarrollar algún defecto hereditario oculto, el miedo a perder la salud, el miedo a volar, el miedo a las multitudes y muchos miedos supersticiosos.

Hay mucha gente a quien sencillamente le da miedo vivir, porque le asusta terriblemente la muerte. No saben cómo vencer los miedos que los paralizan. Miles de personas viven constantemente con terror a que se produzca algún mal inminente. Eso envenena su bienestar, de modo que nunca encuentran placer o consuelo en nada. Está arraigado en su misma vida y les impide realizar intentos que valgan la pena.

A algunas personas les asusta casi todo. Temen arriesgarse en asuntos de negocios por miedo a perder su dinero; les preocupa desmesuradamente lo que sus vecinos piensen de ellas... Su vida está llena de miedo y más miedo.

 C3

Cuando tengamos miedo, mantengámonos concentrados en lo que tenemos que hacer. Y, si hemos sido preparados a conciencia, no tendremos miedo.

Dale Carnegie
C3

El miedo al miedo genera más miedo

El miedo y la preocupación atraen a nuestra vida las mismas cosas que tememos. El miedo constante perjudica a la salud, acorta la vida y paraliza la eficiencia. Las dudas y el miedo suponen el fracaso; la fe es optimista, el miedo es pesimista.

Cuando una persona tiene miedo o desasosiego, eso afecta a todo lo que hace en su trabajo y en otros aspectos de la vida. El miedo acaba con la originalidad, el atrevimiento, la audacia; mata la individualidad, y debilita todos los procesos mentales. El miedo siempre indica debilidad, cobardía.

El miedo dificulta la actuación normal de la mente y nos hace incapaces de actuar sensatamente en las emergencias, porque nadie piensa con claridad ni actúa con sensatez cuando está paralizado por el miedo. Cuando nos deprimimos y desanimamos por nuestros asuntos, cuando estamos llenos de miedo a fracasar y nos obsesiona el espectro de la pobreza, antes de darnos cuenta hemos atraído las mismas cosas que temíamos; y hemos expulsado de nuestro negocio la prosperidad.

Prográmate para vencer el miedo

Si, en lugar de rendirnos al miedo, persistiéramos en tener presente la prosperidad, asumir una actitud esperanzada y optimista y dirigir nuestro negocio de una manera sistemática, económica y previsora, el fracaso sería algo comparativamente raro. Pero cuando nos desanimamos, cuando nos descorazonamos y nos aterrorizamos, no estamos en situación de hacer el esfuerzo imprescindible para alcanzar la victoria. Nuestra actitud mental reduce nuestra vitalidad, disminuye la capacidad de resistencia, vicia la eficiencia y destruye nuestros recursos.

Una de las peores formas de miedo es el presentimiento de que se va a producir alguna calamidad inminente. Hay personas que viven constantemente con ese peculiar temor. Les preocupa que les ocurra alguna gran desgracia, que pierdan su dinero o su posición; o temen sufrir un accidente, o contraer alguna enfermedad mortal. Si sus hijos están fuera de casa, se los imaginan en medio de toda clase de catástrofes: aviones que se estrellan, accidentes de tráfico, enfermedades mortales, etcétera. Siempre esperan que ocurra lo peor. «Nunca sabes lo que puede ocurrir», dicen, «así que es mejor prepararse para lo peor».

Sustituye el miedo por la fe

Tenemos la capacidad de destruir o neutralizar fácilmente el miedo; basta simplemente con cambiar de pensamientos. El miedo deprime, reprime, ahoga.

Orison Marden resumió esto muy bien. «El miedo hace tremendos estragos en la imaginación, que concibe toda suerte de cosas nefastas. La fe es el antídoto perfecto. Mientras el miedo ve sólo la oscuridad y las sombras, la fe ve el sol que se abre paso entre las nubes, el rayo de esperanza. El miedo baja la mirada, y espera lo peor; la fe levanta la mirada y prevé lo mejor. El miedo es pesimista; la fe es optimista. El miedo siempre predice el fracaso; la fe predice el éxito. No puede haber miedo a la pobreza o el fracaso cuando la mente está dominada por la fe. La duda no puede existir en su presencia. Está por encima de toda adversidad.

«Una fe poderosa prolonga en gran medida la vida, porque nunca se preocupa; ve más allá de la molestia pasajera, de la discordia, de los problemas, ve el sol detrás de las nubes. Sabe que las cosas saldrán bien, porque ve el objetivo que el ojo no puede ver».

La preocupación mina nuestra energía, arruina y daña nuestra capacidad de producción. La fe nos libra de la preocupación y nos permite usar mejor nuestros recursos, nuestra inventiva.

Quienes se preocupan constantemente por todo no tienen mucha fe. Una fe vigorosa en la capacidad de superar nuestros miedos nos sostendrá cuando nos enfrentemos a ellos. Cuando nos sobrevienen desilusiones, pérdidas, reveses, etcétera, nuestro equilibrio mental no se ve afectado porque nuestra fe ve más allá de la desgracia y ve el sol detrás de las nubes, la victoria detrás de la aparente derrota.

Muchas personas fracasan por detenerse constantemente a preguntarse qué tal saldrán libradas al final, si tendrán éxito o no. Este cuestionamiento constante del resultado de las cosas crea dudas, que son fatales para el éxito.

ೞ

Si quieres fomentar tu valentía, haz aquello que temes y sigue haciéndolo hasta que tengas un historial de experiencias exitosas.
Es la forma más rápida y segura descubierta para conquistar el miedo.

Dale Carnegie
ೞ

Cómo vencer el miedo a hablar en público

Se ha demostrado que, cuando uno domina un miedo determinado, le resulta más fácil vencer sus otros miedos.

Con los años, el miedo a hablar en público siempre ha figurado entre los primeros puestos en los estudios realizados sobre lo que la gente teme. Dale Carnegie et Associates, Inc. ha enseñado a miles de personas a minimizar el miedo y la ansiedad generados por la expectativa de hablar en público. Si sigues las siguientes sugerencias, verás cómo vences ese miedo tan común.

1. Conoce a tu auditorio. Infórmate previamente de todo lo que puedas sobre las personas a quienes vas a hablar. Entérate de qué quieren saber y adapta tu charla a sus necesidades.
2. Prepara el discurso a conciencia. Incluso el orador más experimentado tiene que preparar cuidadosamente lo que va a decir.
3. Ten confianza. Conoce el propósito de tu disertación.
4. No memorices lo que vas a decir. Limítate a conocer el tema a conciencia.
5. Infórmate sobre el tema más de lo que necesitas. Cuanto más sepas de esa materia, más confianza tendrás al hablar de ella.
6. Prepara una entrada impactante. Debes captar la atención de tu auditorio inmediatamente.
7. Prepara un colofón memorable. Te interesa que tu auditorio recuerde lo que has dicho y, en muchas ocasiones, que actúe en consecuencia.
8. Ensaya el discurso. Practica delante de un espejo o filma el ensayo con una videocámara para ver qué tal lo haces.
9. Practica con tus medios visuales y el equipo que vayas a utilizar. Asegúrate de que todo funciona bien y está en el orden adecuado antes de empezar la disertación.
10. Sé tú mismo. Imagínate que estás hablando con tus amigos y no busques la perfección. Tu auditorio perdonará los errores. Sonríe y habla con naturalidad.

11. Llega antes de tiempo. Reúnete con los miembros del auditorio. Durante la disertación, menciona a algunos de ellos por su nombre y mantén el contacto visual con unos pocos.
12. Recuerda estas tres cosas:
    - Ganarse el derecho a hablar: habla de algo que conoces y que sabes que conoces.
    - Estar ávido de compartir: habla de algo que desees profundamente compartir con tu auditorio.
    - Estar entusiasmado con el tema: habla de algo que te apasione.
13. Controla los nervios de este modo:
    - Respira hondo, estírate y haz un poco de actividad física.
    - Dirígete a ti mismo unas palabras de ánimo para poner las cosas en perspectiva y creer que el auditorio te apoya.
    - Usa gestos llenos de seguridad.
    - Visualiza una disertación exitosa.
14. Acuérdate de divertirte.

Una vez que venzas el miedo a hablar en público, te resultará más fácil vencer otros miedos. Abórdalos de uno en uno y estructura un programa para vencerlos igual que has vencido éste.

El secreto del éxito es la concentración

La preocupación o el miedo de cualquier tipo son fatales para la concentración mental y anula la capacidad creativa. Ya sea uno un científico, un artista, un inventor o un magnate de los negocios, no podrá concentrarse si está lleno de miedo, preocupación o ansiedad.

Cuando todo el organismo mental está vibrando con emociones encontradas, la eficiencia es imposible. Las situaciones que nos enervan y nos hacen envejecer prematuramente, que nos quitan la alegría, no son las que suceden en realidad.

¿Has oído alguna vez que la preocupación haya hecho algún bien a un ser humano? ¿Ha ayudado alguna vez a alguien a mejorar su situación? ¿No consigue siempre y en todas partes lo contrario, dañando la salud, agotando la vitalidad, disminuyendo la eficiencia?

Nuestro éxito y nucstra felicidad dependen de que nos mantengamos en condiciones de obtener el máximo posible de nuestras energías. Deberíamos grabarnos en la mente que el miedo es el enemigo mortal de ese éxito y esa felicidad. Debemos romper con el hábito de esperar catástrofes que, probablemente, nunca sucederán. La ansiedad y los nervios no sólo nos quitan la tranquilidad de espíritu, la fuerza y la capacidad de hacer nuestro trabajo, sino también preciosos años de vida.

El trabajo no mata a nadie, pero el miedo ha matado a multitudes. El hacer las cosas no nos hiere tanto como el miedo a hacerlas; no sólo le damos vueltas en la cabeza una y otra vez, sino que esperamos algo desagradable en su realización.

El miedo conduce al fracaso

Una de las peores formas de preocupación es la relacionada con el fracaso. Frustra la ambición, embota el propósito y hace que salga mal lo que la persona que se preocupa tiene a la vista.

Algunas personas tienen el desafortunado hábito de dar vueltas al pasado, culpándose a sí mismas de sus errores, hasta que finalmente su vista está vuelta por completo hacia atrás en lugar de hacia delante, y lo ven todo distorsionado, porque sólo se fijan en el lado negativo.

Cuanto más tiempo permanezca en la mente este desdichado panorama, más a fondo se grabará y más difícil será luego eliminarlo.

Todo momento de preocupación disminuye nuestro éxito y hace el fracaso más probable; toda ansiedad e inquietud deja su impronta en el cuerpo, interrumpe la armonía de nuestro bienestar físico y mental y deteriora la eficiencia.

Preocuparse por la posibilidad de que nuestros miedos se hagan realidad aumenta la probabilidad de que eso mismo ocurra. Demasiada gente se empeña en permitir que dominen su vida pequeñas preocupaciones, disgustos insignificantes y fricciones innecesarias.

Mary era una mujer que se preocupaba por todo. A sugerencia de una amiga, hizo una lista de todos los posibles sucesos desgraciados que estaba segura de que llegarían a ocurrir y que serían desastrosos. Cuando la repasó bastante tiempo después, para sorpresa suya, descubrió que no se había cumplido ni una sola predicción de todo el catálogo de desastres.

Hagamos lo que hizo Mary. Anotemos todo lo que pensamos que va a salir mal, y luego dejamos a un lado la lista. Cuando la repasemos en algún momento del futuro, nos daremos cuenta de que sólo llega a ocurrir un pequeño porcentaje de todas las cosas tristes que esperábamos.

Deja de temer cosas que pueden no ocurrir nunca

Debemos hacer todos los esfuerzos posibles para dejar de preocuparnos, de la misma manera que nos desharíamos de cualquier mala costumbre que nos ha causado sufrimiento. Debemos llenar nuestra mente de coraje, esperanza y seguridad. No esperemos a que los pensamientos temerosos se consoliden en nuestra mente y nuestra imaginación. Cuando nos enfrentemos a nuestros miedos, tomemos el antídoto al instante, y los enemigos huirán. No hay un miedo tan grande o tan grabado en la mente que no se pueda neutralizar o erradicar del todo por su opuesto. Las sugerencias opuestas lo matarán. Recuerda el lema de Franklin D. Roosevelt: «A lo único que debemos temer es al miedo como tal».

ᘓ

El miedo es un matón y un cobarde, y todo lo que tenemos que hacer
para vencerlo es olvidar que está ahí. Y podemos hacerlo.

Dale Carnegie
ᘓ

Vencer el miedo

Al emprender la tarea de vencer el miedo, primero debemos entender qué es lo que tememos. Casi siempre es algo que aún no ha sucedido; es decir, algo inexistente. El problema es algo imaginario sobre lo que pensamos, y cuya sola posibilidad nos asusta.

A la mayor parte de la gente le asusta caminar por un sendero estrecho a gran altura. Si ese mismo sendero estuviera señalado en una amplia avenida a ras del suelo, podría caminar por él perfectamente, y no pensar nunca en perder el equilibrio. Lo único peligroso de caminar por un sitio así es el miedo a caer al vacío. Las personas firmes sencillamente son valientes; no permiten que el pensamiento en un posible peligro las haga flaquear, y mantienen su potencia física bajo perfecto control. Un acróbata sólo tiene que vencer el miedo a realizar la mayoría de las proezas que dejan boquiabiertos a los espectadores. Para realizar algunas hazañas es necesario un entrenamiento especial y el desarrollo de la musculatura, o del ojo y el juicio; pero para la mayoría de ellas basta con mantener la cabeza fría y ser valiente.

Fijémonos en un miedo muy común: el de perder la posición. Las personas que se amargan la vida preocupándose por esta posible desgracia no han perdido sus trabajos; no están sufriendo nada, no hay peligro de que pasen necesidad. La situación presente, es por tanto, satisfactoria. Si se acaba produciendo el despido, entonces ya es demasiado tarde para preocuparse al respecto; y todas las preocupaciones anteriores habrán sido un puro desperdicio de energía que no sólo no reporta ningún bien, sino que también debilita a la persona antes de la necesaria lucha para colocarse otra vez. Y entonces empieza a preocuparse por la posibilidad de no encontrar otra colocación. Si la encuentra, toda la preocupación habrá sido de nuevo inútil. Bajo ningún concepto puede la preocupación estar justificada por la situación actual. Su objeto es siempre una situación imaginaria del futuro. Como dijimos en el capítulo 4, en lugar de preocuparnos sobre la posible pérdida de nuestros trabajos, deberíamos emprender acciones positivas para reducir el riesgo y prepararnos, si es necesario, para encontrar otro.

Para vencer nuestros diversos miedos, sigamos cada uno hasta su conclusión lógica y convenzámonos de que en el momento presente las cosas que tememos no existen salvo en nuestra imaginación. Da igual que ocurran o no en el futuro: nuestro miedo es un derroche de tiempo, energía y fuerza corporal y mental. Dejemos de preocuparnos como dejaríamos de comer o beber algo que nos ha sentado mal en el pasado. Si hemos de preocuparnos por algo, que sea por los terribles efectos de la preocupación; puede ayudarnos a encontrar un remedio.

El mero hecho de convencernos de que lo que tememos es imaginario no es suficiente; tenemos que entrenar nuestra mente para librarnos de cualquier sugerencia de temor, y combatir todo pensamiento que conduzca a él. Eso quiere decir que tenemos que estar en estado de alerta constante. Cuando se insinúan los pensamientos de desasosiego o preocupación, no debemos consentirlos y dejarles cobrar forma, sino cambiarlos y concentrarnos mentalmente en la dirección opuesta.

Si el miedo es al fracaso personal, en lugar de pensar en lo pequeños y débiles que somos, lo mal preparados que estamos para esa gran tarea y lo seguros que estamos de que vamos a fracasar, deberíamos pensar en lo fuertes y competentes que somos, en cómo hemos triunfado en tareas similares y en cómo vamos a utilizar toda nuestra experiencia pasada para estar a la altura de las circunstancias actuales. Entonces, realizaremos la tarea triunfalmente y estaremos preparados para acometer otras más difíciles. Es esta clase de actitud, la asumamos o no conscientemente, la que nos llevará a ascender a posiciones más elevadas.

Este mismo principio de excluir el miedo y reemplazarlo por pensamientos optimistas, esperanzados y llenos de confianza se puede aplicar a todos los distintos tipos de temores que nos acosan cada día y cada hora. Al principio será difícil cambiar la corriente de nuestros pensamientos, dejar de fijarnos en cosas sombrías y deprimentes. Con frecuencia es aconsejable una ayuda en el proceso. Un cambio súbito de trabajo para hacer algo que requiera concentración mental puede muy bien actuar como un interruptor.

Es el miedo lo que nos mantiene constantemente luchando contra enormes dificultades en lugar de superarlas. Ese miedo procede de la falsa creencia en la incapacidad de solucionar el problema, en que uno no será capaz de mantenerse o de mantener a su familia. Convierte ese miedo en fe y no fracasarás.

Los pensamientos de temor, archienemigos de la humanidad, se pueden eliminar, se pueden erradicar del todo; pero sólo enfrentándonos a ellos. Como dijo Emerson: «Haz lo que te da miedo y la muerte del miedo es segura».

Dale Carnegie nos ha hecho algunas sugerencias básicas sobre cómo vencer el miedo y la preocupación:

Acaba con la mala costumbre de preocuparte antes de que ella acabe contigo

1. Mantente ocupado.
2. No te preocupes por nimiedades.
3. Usa las leyes de la estadística para proscribir las preocupaciones.

4. Coopera con lo inevitable.
5. Decide cuánta ansiedad merece una cosa y niégate a concederle más.
6. No te preocupes por el pasado.

Cultiva una actitud mental que te proporcione paz y felicidad

1. Llena tu mente de pensamientos de paz, coraje, salud y esperanza.
2. Nunca trates de vengarte de tus enemigos.
3. Espera ingratitud.
4. Haz recuento de tus beneficios, no de tus problemas.
5. No imites a los demás.
6. Trata de sacar provecho de tus pérdidas.
7. Haz felices a los demás.

No te preocupes por las críticas

1. Recuerda que las críticas injustas a menudo vienen disfrazadas de cumplidos.
2. Hazlo lo mejor que puedas.
3. Analiza tus errores y critícate a ti mismo.

Prevén la fatiga y la preocupación, y mantén alta tu energía y tu moral

1. Descansa antes de fatigarte.
2. Aprende a relajarte en el trabajo.
3. Protege tu salud y tu imagen relajándote en casa.
4. Aplica estas cuatro buenas costumbres laborales:

a. Quita de tu escritorio todos los papeles que no estén relacionados con el problema inmediato del que te estás ocupando.

b. Haz las cosas por orden de importancia.

c. Cuando te enfrentes a un problema, resuélvelo enseguida si tienes los datos necesarios para tomar una decisión.

d. Aprende a organizar, suplir y delegar.

5. Pon entusiasmo en tu trabajo.

6. No te preocupes por el insomnio.

Lo más importante

- Para triunfar debemos ser valientes. Hay muchas personas que tienen el talento, la inteligencia y el deseo necesarios para tener éxito y, sin embargo, nunca lo tienen porque están paralizadas por el miedo. No necesitamos ser temerosos. Tenemos la capacidad de vencer el miedo.

- El miedo en todas sus diferentes fases de expresión –como la preocupación, la ansiedad, la ira, los celos o la timidez– es el mayor enemigo de la raza humana. Tenemos la capacidad de destruirlo o neutralizarlo fácilmente, basta con cambiar de pensamientos. El miedo deprime, reprime, ahoga. Si nos entregamos a él, cambiará una actitud mental positiva y creativa en otra no productiva y negativa, y eso es fatal para el éxito.

- El miedo es pesimista; la fe es optimista. El miedo siempre predice el fracaso; la fe predice el éxito. Preocuparse porque nuestros miedos se hagan realidad aumenta la probabilidad de que así sea. Dejemos de preocuparnos, de la misma manera que nos desharíamos de cualquier mala costumbre que nos ha causado sufrimiento.

- En lugar de rendirnos al miedo, asumamos una actitud esperanzada y optimista.

- Al emprender la tarea de vencer el miedo, primero debemos entender qué es lo que tememos. Casi siempre es algo que aún no ha sucedido; es decir, algo inexistente.
- El coraje empieza por vencer el miedo, pero es más que eso: significa asumir riesgos, con tu dinero, con tu futuro, incluso con tu vida.
- El único modo de erradicar el miedo es hacerle frente. Como dijo Emerson: «Haz lo que te da miedo y la muerte del miedo es segura».
- Ten el valor de tomar decisiones. Algunas personas no esperan a que se presenten las circunstancias favorables; no se someten a los acontecimientos; los acontecimientos deben someterse a ellas.

Capítulo 6

Haz frente al estrés

El estrés forma parte de todo trabajo. Si no hubiera estrés, probablemente nos aburriríamos. Pero, cuando el estrés se convierte en angustia, hay que hacer algo al respecto.

El estrés es la respuesta del cuerpo a una circunstancia particular. El Dr. Hans Selye, considerado por muchos como el padre de la investigación sobre el estrés, lo definió como «la respuesta no específica del organismo a toda demanda que se le haga». Y Selye escribió además: «El estrés es el intento por parte de nuestra mente y de nuestro cuerpo de adaptarse a una situación cambiante con una respuesta en la que intervienen el sistema nervioso, el sistema circulatorio, el sistema inmunológico y muchos otros órganos».

Estresores

Los estresores son las situaciones y circunstancias cambiantes que encontramos y que ponen en marcha la respuesta adaptativa corporal del estrés. Pueden incluir situaciones graves como una enfermedad recién diagnosticada o un cambio forzoso de trabajo, pero también pueden ser simples circunstancias enojosas como un atasco de tráfico o un problema con el ordenador en el trabajo.

El Dr. Selye señaló que hay tres formas de estrés:

Eustrés (+)

No todo el estrés es malo. El estrés bueno, lo que Selye llamó «eustrés», es un ingrediente esencial de la motivación para hacer trabajos excepcionales. Es el estrés positivo que nos da energías y aumenta nuestra capacidad de concentración. Este estrés se deriva de situaciones sobre las que creemos que tenemos cierto grado de control, como una presentación en el trabajo o una actuación musical. Si se controla, tiende a mejorar nuestra creatividad y productividad.

Distrés (-)

Ésta es la respuesta de estrés que es destructiva y negativa. Se deriva de situaciones sobre las que creemos que no podemos ni ejercer control ni influir. Cuando nos sentimos amenazados o asustados, nuestro cuerpo segrega sustancias químicas para iniciar una secuencia de acontecimientos que acelera nuestro pulso, lo que algunos llaman «respuesta de ataque o huida».

Hiperestrés (--)

Éste es el estado de distrés perpetuo que afecta negativamente a las relaciones, la salud y el rendimiento laboral. Lleva al desgaste profesional y a padecer úlceras gástricas, infartos de miocardio y crisis psicológicas.

❧

Compadecerte de ti mismo, y lamentar tus circunstancias presentes,
no sólo es una pérdida de tiempo,
sino el peor vicio que podrías tener.

Dale Carnegie
❧

Relación entre los niveles de estrés y el rendimiento profesional

Hay un grado de estrés favorable para cualquier tarea dada. Si hay falta de estrés, el trabajo puede hacerse descuidadamente o no terminarse porque el individuo se distrae con facilidad, comete errores de omisión o, sencillamente, se queda dormido.

Si el estrés es demasiado intenso, el individuo puede distraerse con frecuencia o concentrarse excesivamente en un solo aspecto de la tarea y puede tener dificultades para saber cuándo y cómo actuar. En cualquier caso, el rendimiento profesional disminuye.

El estrés severo también puede perjudicar la coordinación y la concentración. En los casos de estrés extremo, el individuo puede quedarse inmovilizado por el miedo. Alternativamente, puede enfadarse o su rendimiento puede disminuir debido al absentismo. En este caso, el individuo simplemente está dominado por el pánico y huye de una situación estresante. Si el estrés persiste demasiado tiempo, puede ocasionar enfermedades físicas y mentales. En algunos individuos, el estrés severo acompañado de desesperanza puede incluso causarles una muerte súbita.

El coste del estrés en el lugar de trabajo

Las siguientes estadísticas y resultados son información de dominio público extraída del Instituto Nacional para la Seguridad y Salud Ocupacional (NIOSH, por sus siglas en inglés). El NIOSH forma parte del Departamento de Salud y Servicios Humanos estadounidense; es distinto de la Administración de Seguridad y Salud Ocupacional (OSHA, por sus siglas en inglés), que es una agencia reguladora ubicada en el Departamento del Trabajo de Estados Unidos.

Financiero

El estrés en el trabajo también resulta muy caro en términos económicos, pues la industria estadounidense estima que su coste asciende en ese país a más de trescientos mil millones de dólares anuales. Es el resultado de accidentes, absentismo, rotación de empleados, disminución de la productividad, costes directos de tipo médico, legal y de seguros, indemnizaciones por despido de los trabajadores, así como juicios administrativos y por agravios.

Considera las siguientes estadísticas:
- El 40% de la rotación laboral se debe al estrés.
- Reemplazar a un empleado medio cuesta hoy desde unos pocos miles de dólares en el caso de empleados de sueldo bajo a decenas de miles de dólares para los trabajadores altamente especializados, técnicos, profesionales y personal directivo.
- Del 60 al 80% de los accidentes laborales están relacionados con el estrés y algunos de ellos, como el accidente nuclear de 1979 en Three Mile Island, Pensilvania, y el de 1986 en Chernóbil, Ucrania, así como el desastre medioambiental de 1989 a causa de la fuga de petróleo provocado por el encallamiento del petrolero Exxon Valdez, pueden afectar negativamente a miles de personas a muchos kilómetros de distancia.
- En California, el número de reclamaciones de indemnización por estrés mental presentadas por trabajadores aumentó casi un setecientos por ciento durante ocho años.
- Durante los diez últimos años, California pagó varios miles de millones de dólares en concepto de minutas de médicos y abogados a causa de problemas relacionados con el estrés, que es más de lo que la mayoría de los estados de Estados Unidos gasta en indemnizaciones. Esto ha tenido como resultado aumentos de dos dígitos en las primas de compensación a trabajadores cada año.

Las secuelas más frecuentes de las actividades laborales estresantes, que tienen un efecto directo en la productividad, son:

Psicológicas
- Depresión.
- Fatiga.
- Ansiedad crónica.
- Proliferación de los conflictos personales debido a pensamientos negativos, impaciencia, apatía, ira y hostilidad.
- Desgaste profesional: agotamiento, depresión, retraimiento y falta de compromiso.

Físicas
- Aumento de la tensión arterial y problemas cardiovasculares.
- Hiperactividad gastrointestinal: acidez, úlceras, colon irritable, diarrea.
- Dolores de cabeza.
- Sarpullidos, picor.
- Fatiga inexplicable.
- Propensión a las infecciones debido a la alteración del sistema inmunológico.
- Problemas dentales debido a apretar las mandíbulas y rechinar los dientes.

Conductuales (problemas personales)
- Reacciones irracionales a las palabras o los actos de los compañeros de trabajo.
- Actitud mandona.
- Arrebatos de furia.
- Propensión a los accidentes debido a la falta de concentración.
- Conducción temeraria.
- Mayor uso de tranquilizantes, alcohol y tabaco.
- Risas extemporáneas.

Cómo afrontar las situaciones estresantes

Todos tenemos que enfrentarnos al estrés en nuestro trabajo y en la vida. El estrés no necesariamente es malo. Como ya hemos dicho antes, a menudo nos motiva a hacer cosas que parecen imposibles de conseguir. Es preocupante cuando se hace demasiado grande para manejarlo, en cuyo caso puede dar lugar a alteraciones físicas y psicológicas. Examinemos algunas situaciones que nos estresan y algunas sugerencias de psicólogos, especialistas médicos y pragmáticos ejecutivos de negocios para no sucumbir al estrés en el trabajo.

Tenemos un plazo que cumplir y estamos lejos de cumplirlo. La secretaria con la que contábamos para que nos ayudara a hacer el trabajo se ha esfumado. El jefe nos presiona para que hagamos el trabajo a tiempo. Tenemos tal dolor de cabeza que no podemos ni pensar con claridad. ¿Qué podemos hacer para aliviar ese estrés a fin de poder al menos empezar a funcionar?

Afortunadamente, es posible hacer frente a la mayoría de las situaciones estresantes aplicando una o más de las siguientes medidas antiestrés: autodisciplina, cariño y cuidados amorosos, relajación, ejercicio físico, sentido del humor y ayuda de los demás. Veamos cada uno de ellos.

Autodisciplina

Cada uno de nosotros tiene su forma particular de aliviar la tensión. Un hombre decía que, cuando estaba estresado, se metía en su coche, cerraba bien las ventanillas y gritaba. Una mujer, que afortunadamente tenía despacho propio, admitió que para aliviar la tensión practicaba unos minutos de yoga. Otros encuentran ayuda en la meditación o la oración.

El mal genio de Ben le ha causado innumerables problemas en la vida. Salta a la mínima; y, cada vez que está estresado, se desahoga gritando a cualquiera que esté cerca. Eso tal vez alivie la tensión inmediata en él, pero causa tensión a quienes le rodean.

Cuando su jefe le advirtió de que si no controlaba su genio, su futuro en la empresa estaba en peligro, Ben comprendió que lo que consideraba una válvula de escape –quitarse de encima el estrés a base de gritar a la gente– no sólo estaba causando problemas a otras personas, sino que en realidad exacerbaba su propio estrés. Al darse cuenta, Ben hizo un esfuerzo consciente para contener sus arrebatos emocionales. Ben hizo de ello un juego y, recompensándose a sí mismo con pequeños caprichos cada vez que tenía éxito, acumuló resistencia para no ceder a sus impulsos. Eso no sólo redujo el número de arrebatos de mal genio, sino que le permitió aceptar de mejor grado las cuestiones que causaban dichos arrebatos, reduciendo así el estrés de su trabajo.

Cariño y cuidados amorosos

Cuidar de uno mismo es importante para tener buena salud, y la gente con buena salud es menos propensa a estar estresada. Beverly tenía exceso de peso, la tensión arterial un poco elevada y siempre parecía estar tensa. Todo la molestaba y la enfadaba; tenía frecuentes dolores de cabeza y otros problemas físicos. Siempre tenía un aspecto desaliñado, prestaba poca atención a la ropa. Le echaba la culpa de todo esto a las presiones de su trabajo. Su médico le sugirió que tal vez la presión y el estrés que estaba experimentando fueran realmente el resultado de descuidarse, de no cuidar de sí misma. Le prescribió una dieta para perder peso y controlar la tensión arterial. Resultado: perdió peso, se sintió más sana y empezó a poner más interés en su apariencia. Cambió de peinado y se compró algo de ropa. Al darse a sí misma cariño y cuidados amorosos, Beverly empezó a estar menos tensa y pudo manejar bien muchos de los aspectos de su trabajo que antes le causaban tanto estrés.

Relajación

La mayoría de los expertos está de acuerdo en que, cuando uno está sometido a estrés, la relajación es la terapia inmediata más eficaz. La manera de relajarse depende de las circunstancias en las que se produce el estrés y de los diferentes métodos de relajación apropiados para cada individuo y cada situación.

En un estudio reciente, este autor preguntó a un grupo de hombres y mujeres qué hacían para relajarse cuando se sentían presionados en el trabajo.

Cuando Charley se siente sometido a presión, procura alejarse un rato de la escena. Se levanta de su escritorio, se pone el abrigo y sale del edificio. Un corto paseo alrededor de la manzana o del aparcamiento –de diez minutos, no una hora– le refresca y le devuelve la tranquilidad, para poder así abordar el problema con más eficacia.

Carly trabaja en el centro urbano de su ciudad. Cuando se siente estresada, también sale del edificio y se relaja viendo escaparates en un centro comercial que hay cerca.

El jefe de Stan no aprueba que el personal salga a la calle en horas de trabajo; así que, cuando se siente estresado, se busca un recado que hacer en otra parte del edificio.

Alejarse momentáneamente del lugar del estrés da a la mente la oportunidad de despejarse. Contemplar un escenario diferente –aunque sólo se trate de otra habitación– puede ayudar a aliviar la tensión.

Soñemos despiertos. Dejemos que nuestra mente se recree en algún recuerdo agradable. Pensemos en ese viaje de vacaciones que nos produjo tanto placer, en una escena o pintura bella, en una experiencia feliz. Saboreemos esos momentos, revivámoslos. Olamos las flores, aspiremos el aire salado del mar, respiremos el aire puro de la montaña, recreémonos en la visión de esos prados cuajados de dorados narcisos. Cuando el cerebro se distrae de la situación estresante y se llena de pensamientos agradables, se relaja y el estrés desaparece.

Algunas personas escapan de la tensión fantaseando unos minutos sobre éxitos pasados. Probablemente, ya nos hemos enfrentado a problemas de este tipo antes y los hemos resuelto. Al recordar los logros anteriores, a menudo se nos ocurren ideas sobre cómo manejar el problema actual; y, aunque no sean de especial ayuda, ciertamente elevarán nuestra moral porque nos refuerza el conocimiento de que hemos superado otras dificultades que nos estresaron en el pasado.

Otra manera de disminuir la tensión es cambiar el ritmo. Todos tenemos más de un proyecto entre manos a la vez. Si la presión se hace excesiva en una actividad, cambia a otra durante un rato. Heather estaba tan preocupada por cumplir con un plazo que no podía concentrarse en su trabajo. Se dio cuenta de que estaba juzgando mal las cosas y cometiendo muchos errores. De modo que dejó a un lado ese proyecto, aun cuando estaba convencida de que necesitaba todo el tiempo disponible para acabar el trabajo, y se dedicó durante media hora a otras tareas. Transcurrido ese tiempo, cuando retomó el proyecto prioritario, tenía la mente despejada. Aspectos que antes se le escapaban ahora estaban claros para ella; no sólo cumplió con el plazo, sino que hizo un trabajo soberbio.

Ejercicio físico

El ejercicio es un gran modo de reducir el estrés. Si trabajamos en una habitación con otras veinte personas, no es una buena idea ponerse a dar saltos o hacer flexiones en mitad del suelo. Sin embargo, hay muchos ejercicios que son discretos.

Los ejercicios respiratorios son fáciles de hacer y no molestan a otras personas. Inspira profundamente por la nariz y suelta el aire lentamente por la boca. Repítelo varias veces y nota cómo todo tu cuerpo reacciona y empieza a relajarse. Y hay otros ejercicios relajantes que son fáciles de aprender y de realizar cuando se necesita.

La empresa de Ted tiene una sala de ejercicios con diversos aparatos. Cuando Ted está bajo presión, va allí, monta en una bicicleta estática y pedalea durante cinco o diez minutos; no tanto como para sudar mucho, pero sí lo suficiente para aliviar su tensión.

Steve, un administrador de fondos en una compañía de inversiones, tenía que tomar decisiones a diario que podían hacer ganar o perder millones de dólares a la empresa. A menudo llegaba a casa del trabajo tan estresado que les gritaba a sus hijos y se peleaba con su mujer. Llegó un momento en el que sus hijos se escondían cuando oían el coche en el camino de entrada. A sugerencia de un psicólogo, se apuntó a un gimnasio. En lugar de volver derecho a casa desde el trabajo, Steve se va ahora al gimnasio y juega con entusiasmo un partido de frontenis. Para cuando llega a su casa, toda la tensión ha desaparecido de su organismo y su mente, y puede llevar otra vez una vida familiar feliz.

ↄ

Si tienes preocupaciones, no hay forma mejor de eliminarlas
que dar un paseo para que se te quiten.
Simplemente, llévalas contigo a dar una vuelta.
Probablemente echen a volar.

Dale Carnegie
ↄ

Sentido del humor

Cuando la presión nos abruma, es difícil ver el lado humorístico de una situación. Sin embargo, cuando volvemos la vista atrás y vemos las cosas que nos han estresado en el pasado, a menudo nos reímos de ellas.

El jefe de Karen le acaba de echar una reprimenda. Es cierto que había malinterpretado sus instrucciones y que había cometido un error importante en el proyecto, pero debería reconocer que si sus instrucciones hubieran sido más claras, eso no habría sucedido. Karen estaba tensa y descontenta y se sentía tratada injustamente. Sin embargo, en lugar de permitir que ese estado de ánimo la dominara durante el resto del día, pensó: «¿No estaba mi jefe ridículo ahí delante, con la cara toda roja y pegando saltos?». Se echó a reír y el estrés empezó a desaparecer gradualmente mientras emprendía la tarea de corregir el proyecto.

Muchos médicos han recomendado la risa como un medio de aliviar el dolor físico y el estrés. Las personas con sentido del humor son menos propensas a padecer estrés. A menudo, el estrés se alivia encontrando algo en la situación sobre lo que reír.

Paul tiene un libro de historietas cómicas en la estantería. Cuando su trabajo le desborda, se toma un respiro para «echar unas risas». Mira los chistes y sonríe, se ríe entre dientes e incluso se carcajea. Eso despeja su cabeza y le prepara para abordar el trabajo con menos tensión.

Ayuda de los demás

Para Marilyn, la mejor forma de aliviar el estrés es telefonear a una buena amiga y contarle su problema. Aunque no espera que la amiga lo resuelva por ella, al expresar con palabras a otra persona lo que tiene en la cabeza le ayuda a aclarar lo que se le escapaba. Además, esos pocos minutos de charla amigable reducen la tensión.

A veces, el estrés es tan abrumador que no podemos hacerle frente nosotros solos. En esos casos, se puede pedir ayuda a psicólogos y consejeros profesionales, clérigos y especialistas en áreas específicas. Cuando el marido de Judith murió, se quedó tan consternada que no podía hacer su trabajo. Afortunadamente, tuvo el buen juicio de buscar ayuda de un terapeuta especializado en duelos que la ayudó a superar la situación.

Recuerda que no estamos solos. Algunas empresas tienen programas de asistencia para sus empleados en los que se les ayuda a superar problemas personales causantes de estrés. En casi todas partes hay servicios comunitarios y privados que son también de ayuda en estos temas.

Cada persona debería disponer de varias actividades relajantes para poder hacerlas en el trabajo al estar bajo presión. Aunque sólo sean unos momentos de relajación, pueden reducir el estrés y ayudarnos a retomar el trabajo estando frescos y preparados.

No permitamos que el estrés nos desanime. Aplicando una o más de las sugerencias anteriores, podemos dar pasos que nos ayuden a abordar los problemas que nos agobian y nos permitan recuperar una vida normal y productiva.

Cómo reducir el estrés al resolver problemas

Todos debemos resolver problemas y tomar decisiones en nuestros trabajos. Muchos de nosotros nos estresamos cuando los problemas se acumulan. Tendemos a darles vueltas en lugar de concentrarnos en ellos y eso no sólo no ayuda a resolverlos, sino que aumenta nuestro estrés y nuestra tensión.

Si seguimos un planteamiento sistemático para resolver problemas podemos abordarlos con el mínimo estrés y, al mismo tiempo, tomar mejores decisiones. Prueba este enfoque en cuatro pasos:

1. Reúne todos los datos.
Escribe qué es exactamente lo que te preocupa. Charles Kettering, el gran inventor e industrial, lo expresó muy bien: «Un problema bien formulado es un problema medio resuelto».

2. Analiza los datos.
Piensa en las posibles respuestas o soluciones a las situaciones. No olvides considerar todas las ramificaciones de cada opción. Considera

no sólo si se resolverá el problema o no, sino también cómo afectará a todas las personas involucradas.

3. Toma una decisión.
Piensa y medita en todas las opciones, y luego decide cuál es la mejor solución o acción posible.

4. Actúa según esa decisión.
Empieza inmediatamente a actuar según esa decisión. Eso te permitirá mantener el control de la situación, te permitirá manejarla. Es asombroso cómo el estrés disminuye en cuanto nos ponemos en acción.

୬

Primero pregúntate: ¿qué es lo peor que me podría ocurrir?
Luego, prepárate para aceptar lo peor, e intenta mejorarlo.

Dale Carnegie
୬

La tecnología, ¿aumenta o disminuye el estrés?

A medida que entramos en el siglo XXI, los avances en tecnología con los que realizamos nuestros trabajos parecen producirse a un ritmo más rápido del que podemos seguir. Ahora somos capaces, literalmente, de estar en el trabajo veinticuatro horas al día los siete días de la semana. Esto aparentemente nos permite conseguir muchas más cosas y tener un éxito desmesurado; pero es muy probable que aumente el estrés y la tensión en nuestros empleos y en la vida. Aquí tienes algunas sugerencias para mantenerte psicológicamente sano y, al mismo tiempo, ser productivo en el mundo de la alta tecnología.

1. Deja la multitarea y el trabajar las veinticuatro horas del día.

Nuestro computador puede funcionar todo el día durante toda la semana, pero nosotros no; así que ni lo intentes. Por ejemplo, no comas en tu escritorio, ni emplees los descansos para responder el correo electrónico. Descansar no es holgazanear, es recargar las pilas.

2. Establece algunas fronteras entre tu trabajo y tu casa.

La tecnología moderna nos permite trabajar desde casa; pero eso, en la práctica, hace que sea más difícil desconectar del trabajo. En la jerga técnica de hoy es común hablar de poner un cortafuego entre el mundo exterior y la red informática de la empresa, pero puede que sea igual de apropiado poner un cortafuego psicológico entre el trabajo y nuestro hogar, un foso virtual alrededor de nuestro castillo.

3. Desconecta totalmente de forma regular.

Descuelga el teléfono de casa, apaga el móvil, el Blackberry, el iPhone y el ordenador portátil o cualquier otro que tengas. Luego relájate y disfruta del silencio.

4. No estés «de guardia» todo el tiempo.

Deja el teléfono móvil en casa o apágalo cuando vayas al cine (hazlo, por favor, ¡todos te lo agradeceremos!) Revisa el correo electrónico y el buzón de voz cada cierto tiempo, no constantemente, como haces con el correo postal. Al tomarnos un respiro para recuperar energías, deberíamos ser realmente más eficientes cuando reanudemos el trabajo, y los mensajes seguirán ahí.

5. No podemos hacerlo todo inmediatamente.

No es necesario hacerlo todo de inmediato. Si esa exigencia se produce con regularidad, y si estás seguro de que no estás retrasando las cosas, entonces o la tecnología no es adecuada para la tarea o hay que abordar el problema de la planificación y la administración del tiempo dentro de la organización.

No hagas un hábito de enviar faxes, mensajes por correo electrónico o cartas en el último minuto. Planifica las cosas con antelación y ayuda a otros a hacer lo mismo explicando claramente cuáles son tus expectativas de planificación. En otras palabras, opta por un ritmo más lento cuando sea posible.

ℭ

¿Por qué una cosa tan sencilla como ocuparse de algo elimina la ansiedad?
A causa de una ley, de una de las leyes más fundamentales
que ha revelado la psicología. Y esta ley dice que es completamente
imposible para cualquier espíritu humano, por muy brillante que sea,
pensar en más de una cosa al mismo tiempo.

Dale Carnegie
ℭ

Lo más importante

La mayoría de nosotros tiene la capacidad de controlar el estrés que afrontamos en muchos aspectos de la vida. Debemos darnos cuenta de qué nos estresa e identificar los primeros síntomas para poder tomar medidas preventivas; o, si ya ha adquirido proporciones graves, para tomar medidas correctoras.

He aquí algunas sugerencias que pueden ayudarnos:
• Analicemos en qué situaciones tendemos a tener más estrés. Puede tratarse de cumplir plazos de trabajo; pueden ser presiones de

nuestro jefe, nuestros subordinados o nuestros clientes; o pueden intervenir otros factores. Una vez que reconozcamos los precursores del estrés, podremos ocuparnos de ellos antes de que nos abrumen.

- Escuchemos nuestra charla interior. Hablamos con nosotros mismos constantemente; tal vez no en voz alta, pero la vocecilla de nuestra mente está todo el tiempo reforzando nuestra actitud ante el trabajo y ante la vida. Si nos decimos que estamos estresados, abrumados y condenados al fracaso, entonces estaremos estresados, abrumados y condenados al fracaso. Cuando esos pensamientos negativos se cuelen en nuestra mente, expulsémoslos con pensamientos positivos, con planes para superar los problemas; y el estrés será reemplazado por la confianza.
- Tengamos en mente un plan preconcebido para abordar el estrés cuando aparezca, antes de que sea excesivo. Sigamos algunas de las sugerencias de este capítulo sobre relajación, cambio de ritmo de trabajo, ejercicio y sentido del humor.
- Tengamos presente siempre el panorama global. El estrés del momento puede nublar nuestra perspectiva de las cosas.
- Cuando surge un asunto urgente que genera estrés, hay que sopesarlo para ver qué hay de verdadera importancia en él.
- Adquiramos el hábito de tomar de vez en cuando unas cortas «vacaciones mentales».
- Calmemos nuestra inquietud con pensamientos de paz o música relajante.
- Incorporemos técnicas de relajación y/o meditación a nuestra rutina diaria.
- Encontremos tiempo para el silencio y la soledad.
- Sueño adecuado: la falta de sueño puede disminuir la capacidad del cuerpo para manejar el estrés. Aunque la cantidad de sueño necesaria para funcionar óptimamente varía de unas personas a otras, el sueño adecuado es esencial para la buena salud emocional y física.

- Echar una cabezada: Dale Carnegie, en su libro *Cómo dejar de preocuparse y empezar a vivir,* nos hace esta excelente sugerencia que deberíamos probar: «Si no puedes echarte una siesta a mediodía, trata por lo menos de acostarte durante una hora antes de la cena. Si puedes dormir una hora a las cinco, las seis o las siete de la tarde, podrás añadir una hora a tu vida activa».
- Participemos en actividades que nos den la sensación de controlar la situación y nos alivien mentalmente. Probemos actividades que nos recreen mental, física y espiritualmente.
- Llevemos a cabo actividades físicas como hacer ejercicio, montar en bicicleta, nadar, correr y practicar aficiones divertidas.
- Desarrollemos una sensación de éxito en otras áreas de la vida. El hecho de experimentar éxitos en labores de voluntariado o actividades comunitarias o religiosas puede compensar la falta de control en el lugar de trabajo.
- Creemos un equipo de apoyo. El estrés suele aislarnos de los demás, y eso genera más estrés. Los miembros de nuestro equipo de apoyo nos ayudan a exteriorizar el estrés y afrontarlo.
- El estrés interiorizado puede acumularse hasta alcanzar el punto de ebullición y desbordarse de maneras malsanas e improductivas. Las personas que se preocupan por nosotros y nos escuchan son una válvula de escape para la presión interna del estrés.

Capítulo 7

Destierra el desgaste profesional

El desgaste profesional es muy común en el lugar de trabajo, pero hay una diferencia entre tener un mal día laborable o dos y estar verdaderamente «quemado». La mayoría de nosotros tenemos días en los que nos sentimos sobrecargados, aburridos o poco valorados; cuando los malabarismos que hacemos para cumplir con todas las responsabilidades pasan inadvertidos, y desde luego no son recompensados; y cuando hace falta una determinación sobrehumana para acudir al lugar de trabajo.

El desgaste profesional no es lo mismo que el estrés. El desgaste puede ser el resultado de un estrés incesante, pero no es lo mismo que tener demasiado estrés. Cuando estamos estresados, nos preocupamos demasiado; pero cuando nos «quemamos», no vemos ninguna esperanza de mejorar. No hay que llegar a ese extremo.

Las personas no son como las bombillas. Una bombilla da luz hasta que de pronto ¡zas!, se funde. Las personas se «queman» despacio y a menudo de forma imperceptible. Aunque el desgaste puede generar problemas físicos como el infarto de miocardio o las úlceras, en su mayoría son psicológicos. La persona pierde el entusiasmo, la energía y la motivación; odia su trabajo, no soporta a sus compañeros, desconfía del jefe y le aterra tener que ir a trabajar cada mañana.

El desgaste puede estar causado por demasiado estrés, pero ésa no es la única causa posible. También puede ser el resultado de la frustración: promesas incumplidas, no obtener el ascenso o el aumento de sueldo esperado, etcétera. Algunos líderes y directivos se «queman» por la presión de tener que tomas decisiones que, si son desacertadas, pueden causar problemas catastróficos. A otros individuos les sucede por trabajar demasiadas horas o por hacer un trabajo poco gratificante.

En este capítulo vamos a analizar las diferencias entre el estrés en el lugar de trabajo y el desgaste profesional. Abordaremos formas de evitar el desgaste, de manejar el estrés y de ser más productivos. También trataremos el tema del exceso de la tecnología y cómo controlarla y manejarla con más eficacia.

La diferencia entre el estrés y el desgaste

El estrés, por lo general, conlleva demasiadas presiones que exigen demasiado de nosotros desde el punto de vista físico y psicológico. Aunque estemos estresados, aún podemos imaginar que, si lográramos tenerlo todo bajo control, nos sentiríamos mejor. El desgaste, en cambio, conlleva sentirse vacío, desprovisto de motivación; y todo te trae sin cuidado. Las personas «quemadas» no suelen ver ninguna esperanza de cambios positivos en su situación. Si el estrés excesivo es como sentirse asfixiado por las responsabilidades, el desgaste es como quedarse seco.

He aquí algunas diferencias entre el estrés ordinario en el trabajo y el desgaste profesional:

Características del estrés:
• Produce urgencia e hiperactividad.
• Pérdida de energía.

- Puede dar lugar a trastornos de ansiedad y crisis nerviosas.
- Puede causar a úlceras, infartos de miocardio y otros problemas físicos.

Características del desgaste:
- Produce impotencia y desesperanza.
- Pérdida de motivación.
- Puede dar lugar al desapego y la depresión.
- El daño primario es emocional.
- Puede hacer que la vida aparentemente no valga la pena.
- Entre las actitudes más comunes están:
  — «Todo día laborable es un mal día».
  — «Preocuparme por el trabajo me parece un derroche absoluto de energía».
  — «Me paso la mayor parte del día haciendo tareas desagradables o aburridas hasta el embotamiento».
  — «Estoy exhausto al final de la jornada».
  — «Nadie aprecia mis esfuerzos».
  — «Mi jefe me pone objetivos poco realistas».
  — «Todo el mundo quiere algo de mí».
  — «La única razón de hacer esto es poder pagar las facturas».

Cómo prevenir el desgaste profesional

La manera más eficaz de evitar el desgaste profesional es dejar de hacer lo que estamos haciendo y pasar a otra cosa. A veces, eso significa cambiar de trabajo o incluso de profesión.

Para la mayoría de nosotros, ésa es una medida extrema, no una opción. Es más lógico que nos demos cuenta de cuándo el nivel de estrés y sobrecarga se aproxima al desgaste y tomar algunas medidas preventivas como:

- Clarifiquemos nuestras expectativas laborales. Trabajemos con nuestro jefe o supervisor para actualizar una descripción de nuestros deberes y responsabilidades. Durante la discusión, tal vez podamos hacer notar que algunas de las cosas que se esperan de nosotros no forman parte de la descripción del puesto, con lo que obtendremos cierta influencia al mostrar que hemos estado trabajando más allá de nuestro deber.
- Solicitemos un cambio. Si el lugar de trabajo es lo bastante grande, tal vez podamos mudarnos a otro sitio, a otra oficina o departamento. Incluso un simple cambio de aires puede ayudarnos a ganar perspectiva.
- Pidamos otras responsabilidades diferentes. Si llevamos mucho tiempo haciendo exactamente el mismo trabajo, probemos algo nuevo: una zona de ventas distinta, un proyecto diferente, desempeñar otro papel en la organización.
- Tomémonos tiempo libre. Si el desgaste parece inevitable, tomémonos un descanso: vayámonos de vacaciones, empleemos días de ausencia por enfermedad, o pidamos un permiso temporal. Tenemos que hacer algo para apartarnos de la situación. Usemos ese tiempo para recargar nuestras pilas y ganar perspectiva.

Cómo prevenir la fatiga y la preocupación y mantener altos nuestro nivel de energía y nuestro ánimo

Relee las sugerencias del capítulo 6 sobre cómo aliviar el estrés. Ése es el primer paso para minimizar las posibilidades de que se transforme en desgaste profesional. Repetiremos aquí algunas de las herramientas más valiosas para aliviar el estrés:

1. Descansar antes de fatigarnos.
2. Aprender a relajarnos en el trabajo.
3. Proteger nuestra salud e imagen relajándonos en casa.

4. Adquirir estas cuatro buenas costumbres laborales:
   a. Quitar del escritorio todos los papeles que no estén relacionados con el problema inmediato del que nos estamos ocupando.
   b. Hacer las cosas por orden de importancia.
   c. Cuando nos enfrentamos a un problema, resolverlo enseguida si tenemos los datos necesarios para tomar una decisión.
   d. Aprender a organizar, suplir y delegar.
5. Poner entusiasmo en nuestro trabajo.

¡Estoy tan cansado que no puedo pensar bien!

El descanso puede curar la fatiga física, pero la mayor parte de la gente tiende a fatigarse en el trabajo mentalmente, no físicamente. El ejercicio físico puede aliviar la fatiga y el estrés de las personas que trabajan con ordenadores o en otros empleos mentalmente arduos. Algunas formas de hacerlo son dar un paseo a la hora del almuerzo, nadar, correr o participar en algún deporte al salir de trabajar.

Si tu empresa dispone de gimnasio, usa la bicicleta estática o las pesas a la hora de comer o al acabar el trabajo. Las personas que hacen ejercicio con regularidad son menos propensas a fatigarse mentalmente.

Ayudar a otros a superar el desgaste profesional

Cuando vemos que uno de nuestros empleados o de nuestros colegas muestra síntomas de desgaste, deberíamos apoyarle en sus esfuerzos para superarlo. He aquí algunas cosas que puedes hacer para ayudar a una persona «quemada» a emprender el camino de la recuperación:

• Apoya a esa persona. Demuestra tu sincero interés animándola a hablar del tema; evalúa sus preocupaciones y ponlas en perspectiva.
• Si tienes autoridad para cambiar las funciones de esa persona, el hecho de asignarle actividades y responsabilidades diferentes,

o de transferirla a otro departamento, cambiará su ambiente de trabajo y le proporcionará un desahogo que puede estimular su motivación.

- Da a esa persona la oportunidad de aprender nuevas habilidades. Eso no sólo hará que se concentre en el aprendizaje en lugar de en los asuntos que la «queman», sino que también hará a esa persona más valiosa para la empresa.

Si, a pesar de tus esfuerzos, la persona no hace progresos, recomiéndale encarecidamente que busque ayuda profesional.

Cuando hay demasiado trabajo que hacer

Como líderes, nuestra responsabilidad es asegurarnos de que nuestros subordinados trabajan al máximo de su capacidad. Si se «queman», afectará negativamente a la productividad, cosa que suele ocurrir cuando han sobrevivido a un reajuste de plantilla y una reorganización. En esos casos quedan menos trabajadores, así que les toca trabajar durante más tiempo y más duramente. Antes de dirigirte a tu equipo, analiza concienzudamente las actividades que realiza. Averigua cuánto tiempo dedican los miembros a cada proyecto, y determina también la importancia de cada proyecto de cara a cumplir los objetivos del departamento. Reexamina las prioridades en colaboración con los miembros del equipo. Decide con ellos lo que pueden hacer para trabajar más rápido, no más duramente.

Si después de hacer este análisis todavía crees que el grupo tiene asignado más trabajo del que puede manejar con eficacia, revisa sus resultados y trata de reorganizar las prioridades. Tal vez sea posible aplazar ciertas tareas que llevan mucho tiempo porque hay otras más importantes; o reasignar algunos trabajos a otros grupos; o autorizar la contratación de personal adicional.

En ocasiones, la presión viene de otros equipos o departamentos con los que colaboramos. Si ése es el caso, reúnete con el líder del otro grupo para tratar de encontrar un plan que alivie la presión. Si no podéis llegar a un acuerdo, informa del asunto al directivo que supervisa ambos grupos.

A veces, la presión es el resultado del ofrecimiento voluntario del grupo de realizar proyectos especiales. No temas rechazar tales solicitudes. Asegúrate de que todos tus subordinados son conscientes de las prioridades; y diles que, aunque rechacen trabajar voluntariamente en proyectos especiales fuera de las actividades del grupo, eso no es señal de pereza ni de reticencia a cooperar.

El proceso del desgaste profesional

Algunas de las características que presentan las personas que experimentan desgaste profesional son:
- Tienden, en lo que están haciendo, a trabajar más de lo que es factible física o mentalmente.
- No satisfacen sus necesidades personales, no atienden a sus familias y abandonan otras actividades que hacían antes para poder cumplir con las exigencias del trabajo.
- Reducen los contactos sociales al mínimo.
- Su comportamiento a menudo es imprevisible.
- Sienten vacío en sus vidas.
- Caen en un estado de depresión profunda.

Cómo abordar el desgaste profesional

Si empezamos a mostrar algunas de las características de desgaste citadas anteriormente o las vemos en nuestros subordinados, deberíamos dar pasos de inmediato, antes de que se hagan abrumadoras.

Tanto los individuos como las organizaciones pueden abordar el desgaste de diversas maneras. Muchos de los problemas relacionados con él se pueden aliviar reexaminando y adaptando los puestos de trabajo implicados o proporcionando ayuda a los empleados dentro de la organización.

Dar a las personas más control sobre su trabajo

Cuando los trabajadores tienen cierto control sobre el modo de cumplir su cometido, es menos probable que sufran desgaste profesional. Las empresas que permiten a sus empleados participar en la toma de decisiones sobre métodos, cuotas, planificación y otros factores laborales han descubierto que vale la pena: la moral sube, los índices de absentismo y rotación del personal disminuyen y la productividad aumenta. Además, de este modo el estrés y el desgaste se minimizan.

Animar al personal a aprender todo lo posible sobre su trabajo

Para llevar esto a cabo, el primer paso es tratar de colocar a los empleados en puestos adecuados a sus aptitudes e intereses y formarlos para que dominen su trabajo. Cuando Sal fue contratado por su empresa, le asignaron al departamento de registro de entradas y salidas como recadero y oficinista. Su labor allí era aburrida y tediosa; volvía a su casa cada día con dolor de cabeza y sintiéndose frustrado, infeliz y deprimido. Tenía ganas de dejar el trabajo, pero lo necesitaba para mantener a su familia. Una de sus tareas era entregar de vez en cuando materiales al departamento informático; como había recibido cierta formación en ordenadores en la universidad, aprovechaba para conversar con los informáticos sobre su trabajo. Al, el supervisor del departamento informático, notó el interés de Sal y solicitó que lo transfirieran allí. Cuando lo consiguió, animó a Sal a aprender todo lo que pudiera sobre el equipo y los programas. En sólo unos meses, éste era ya tan entendido como cualquiera de sus nuevos compañeros. Le encantaba su trabajo, se sentía cómodo y confiado. Sus dolores de cabeza desaparecieron y aguardaba con ganas el momento de ponerse a trabajar cada día.

Fomentar la participación

Desde hace años, los psicólogos conductuales han abogado por la participación conjunta en la toma de decisiones de la dirección y los trabajadores. Han demostrado que, cuando la persona participa en las decisiones que afectan a su trabajo, es más probable que se comprometa a conseguir el éxito de las mismas y menos probable que se resista a estar a la altura de los objetivos.

Un área en la que esto ha resultado ser extremadamente eficaz es en el establecimiento de cuotas. En muchos trabajos, las cuotas son un elemento esencial. Los obreros de las fábricas tienen que cumplir cuotas de producción por hora o por día; las cuotas miden el flujo del procesamiento de textos y la entrada de datos; los representantes comerciales tienen que cumplir cuotas de ventas semanales o mensuales. Por lo general, es el jefe u otro directivo quien establece tales cuotas. Las cuotas funcionan mejor cuando conseguimos que la persona que hace el trabajo se involucre en el proceso.

A algunos directivos les preocupa la idea de que, si permiten que su personal establezca sus propias cuotas, éstas serán bajas para que sean fáciles de cumplir; pero esto no tiene por qué ser necesariamente así. Cuando la dirección y el personal colaboran para estudiar los requisitos del trabajo, los plazos y otros factores pertinentes, se establecen cuotas que no sólo son razonables, sino que a menudo son superiores a las que habría fijado la dirección por sí sola. Cuando los trabajadores participan en el establecimiento de las cuotas, las consideran justas y se comprometen a cumplirlas.

Animar a los empleados a sugerir mejoras

La mayor parte de la gente cree que tiene cierto control sobre su trabajo cuando se toman en serio sus sugerencias e ideas. Nadie espera que se acepten todas sus sugerencias, pero sí que se tomen en consideración.

Se debería fomentar el desarrollo de nuevas ideas. También se debería solicitar al personal que haga sugerencias para evaluarlas objetivamente cuando las presente y, si son viables, para ponerlas en práctica. Asimismo es conveniente recompensar a los empleados que hacen contribuciones, si se aceptan éstas, de una manera proporcionada a las mismas.

ര

¿Estás aburrido de la vida? Entonces, lánzate a hacer algún trabajo en el que creas con todo tu corazón: vive por él, muere por él y alcanzarás una felicidad que pensabas que nunca sería tuya.

Dale Carnegie
ര

Programas de Asistencia al Empleado (PAE)

Los Programas de Asistencia al Empleado fueron diseñados para ayudar a los trabajadores a abordar las causas primarias del estrés; cuando éstos muestran síntomas de estrés y desgaste, se les proporciona asesoramiento y apoyo psicológico. Los empleados pueden pedir esta ayuda voluntariamente o ser el supervisor quien les sugiera que hagan uso de ella. Para que el PAE sea eficaz, todas las cuestiones debatidas se deben mantener en secreto y los trabajadores deben confiar en que su propósito es ayudarles a superar sus problemas, no un medio de control por parte de la dirección.

Entrenamiento en manejo del estrés

En estos últimos años, muchas empresas han instaurado programas de entrenamiento en manejo del estrés para ayudar a los empleados a resolver el estrés, o por lo menos a controlar sus niveles antes de que se convierta en desgaste profesional.

En estos programas, la empresa recurre a psicólogos para que dirijan seminarios sobre el estrés y el desgaste profesional como medida preventiva, a fin de que los empleados puedan identificar sus propios síntomas y corregirlos antes de llegar a «quemarse». En algunas empresas se proporciona también ayuda psicológica individual cuando es necesario.

Consejos para evitar el desgaste profesional

- Reservemos tiempo para pensar.
- Cuando nos encontremos describiendo la curva de la sobrecarga, habrá llegado el momento de mostrarnos enérgicos en nuestra estrategia para evitarla.
- No asumamos más de lo que podemos manejar. La mayoría de los puestos de trabajo tienen especificado qué tareas se espera que cumplamos. Sin embargo, a menudo se nos pide que aceptemos tareas adicionales para ayudar a otras personas o que nos ofrezcamos voluntariamente para realizar encargos especiales. Antes de aceptar tales encargos, analicemos en qué estamos empleando el tiempo. Para evitar el desgaste profesional, debemos aprender a usar nuestro tiempo de manera óptima y no asumir demasiadas responsabilidades que no son significativas para cumplir nuestros objetivos.
- Muchos de nosotros participamos en actividades fuera de nuestro lugar de trabajo. Puede ser en una iglesia, en una asociación comunitaria o cultivando aficiones o intereses personales. Dichas actividades son importantes para nosotros, pero debemos poner un

límite al tiempo que les dedicamos o también nos abrumarán y, combinadas con los compromisos de nuestro trabajo, pueden conducirnos al desgaste profesional. Es importante establecer un perímetro alrededor de los espacios personales de nuestras vidas y escoger sensatamente actividades que nos llenen, no que nos extenúen.

- Disminuyamos el ritmo; eliminemos las prisas. Deprisa está bien; más deprisa también está bien; demasiado deprisa no está nada bien. Cuando estiramos nuestro tiempo hasta el límite, nos precipitamos, sacrificamos la calidad de nuestro trabajo y causamos estrés a otros y también a nosotros mismos.

- Interesémonos por la gente. Cultivemos las relaciones. Los estudios han demostrado que tener buenos amigos es un factor importante de cara a vivir una vida larga y saludable. Kevin Sheridan, director general de HR Solutions, asegura que la importancia de la satisfacción de los compañeros de trabajo con frecuencia se pasa por alto. Hacer amigos en el trabajo y cultivar un ambiente afectuoso y divertido disminuye el desgaste profesional, mejora el compromiso y la lealtad de los empleados y reduce la rotación de personal. Cuando tenemos a otras personas con las que compartir pensamientos, preocupaciones, éxitos y fracasos, minimizamos el riesgo de sucumbir al desgaste.

Cómo controlar la tecnología

Para muchos de nosotros, los teléfonos, el correo electrónico, el fax y los mensajes de texto requieren nuestra atención inmediata. Eso puede acabar haciendo que nos sintamos abrumados por la presión constante, las veinticuatro horas del día. En lugar de que esta tecnología facilite nuestro trabajo, nos hemos convertido en sus esclavos.

Las tecnologías que supuestamente ahorran tiempo por lo general no sirven de mucho a ese respecto. Más bien, comprimen, consumen y devoran el tiempo. Para que la tecnología sea nuestra aliada en lugar de nuestra enemiga, debemos controlarla.

Ocho formas de controlar la tecnología:

1. Desconectar selectivamente. Cuando nos hace falta concentración, descolguemos el teléfono, cerremos el programa de correo electrónico o vayámonos a un lugar más tranquilo.
2. Determinemos en qué momentos es razonable responder a los mensajes por correo electrónico y atengámonos al plan.
3. Desconectemos la señal sonora que nos indica la recepción de un mensaje por correo electrónico.
4. Ampliemos el intervalo en el que el programa de correo electrónico comprueba automáticamente si hay nuevos mensajes.
5. Cambiemos el mensaje de saludo del buzón de voz para indicar nuestra disponibilidad. Usemos mensajes de «estoy fuera de la oficina» para el correo electrónico.
6. En lo posible, ocupémonos de cada mensaje sólo una vez.
7. Antepongamos las personas a la tecnología. Si estamos hablando con alguien, no interrumpamos la conversación para responder al teléfono; dejemos que quien llama deje un mensaje en el buzón de voz.
8. No seamos esclavos del Blackberry, el iPhone o el ordenador portátil. Debemos disciplinarnos para usar estos objetos solamente en los intervalos de tiempo planeados de antemano.

ભ

No temas aplicarte al máximo en tareas aparentemente insignificantes. Cada vez que completas una de ellas, te haces mucho más fuerte. Si realizas bien los trabajos menores, los importantes tenderán a velar por sí mismos.

Dale Carnegie
ભ

Multitarea

La multitarea, como su nombre indica, es el intento de un individuo de realizar varias tareas al mismo tiempo. El origen del término está en la informática. Los ordenadores están programados para hacer varias cosas a la vez, pero los seres humanos no. La multitarea puede tener como resultado un trabajo chapucero o incluso grandes errores en la realización; y en los casos más graves degenera en desgaste profesional.

Gail se enorgullecía de su capacidad de *multitarea*. Afirmaba que era capaz de lidiar con varias situaciones al mismo tiempo. Mientras hablaba por teléfono con un cliente, respondía por escrito a la pregunta de otro cliente y de paso introducía algo de información en su Blackberry. Mientras «participaba» en una reunión de trabajo, revisaba el correo electrónico en su *ordenador portátil* y respondía a un mensaje instantáneo de su hijo. Atribuía sus constantes dolores de cabeza y las náuseas a problemas de salud imaginarios y se quedó de piedra cuando su médico le dijo que lo que le pasaba era que estaba al borde del desgaste profesional.

Muchos de nosotros podemos ocuparnos de más de una tarea a la vez, pero nuestra capacidad mental y física tiene un límite. Para no llegar a «quemarnos», debemos averiguar cuánto somos capaces de hacer y fijar nuestros objetivos en consecuencia. Tratar de hacer demasiado y demasiado pronto puede llevar en poco tiempo a hacer demasiado poco, demasiado tarde y además mal.

Lo más importante

El síndrome del desgaste profesional es un *padecimiento* que acaban teniendo las personas que están abrumadas por las exigencias de su trabajo: puede tratarse de cumplir plazos, de adaptarse a cuotas poco razonables, de tratar de complacer a un jefe difícil o de trabajar bajo extrema presión. Algunas formas de minimizar el riesgo de «quemarnos» profesionalmente son:

- Cambiar de puesto dentro de la empresa. En una gran empresa hay muchas opciones. Siempre deberíamos estar alerta a las oportunidades que se presenten en otros departamentos o secciones diferentes.
- Encontrar personas con la misma mentalidad. Cuando podemos compartir con compañeros nuestros problemas y frustraciones, así como nuestras alegrías y logros, aliviamos las tensiones que de otro modo se acumularían en nosotros. Busquemos personas que tengan un sentido del humor similar al nuestro y en las que confiemos ciegamente.
- Buscar proyectos a corto plazo. Realizar el mismo trabajo día tras día, enfrentarse a los mismos problemas, tratar con las mismas personas durante largos períodos de tiempo; todo ello tiende a reprimir nuestra creatividad y a reducir nuestro interés en el trabajo y puede conducirnos al aburrimiento, que puede ser el primer paso en el camino hacia el desgaste profesional. Si tenemos la oportunidad, busquemos proyectos a corto plazo, trabajemos con otros equipos diferentes de vez en cuando.
- Continuar nuestra formación. En muchas empresas no hay oportunidades para cambiar por otro el puesto de trabajo que produce el desgaste. Adquirir nuevos conocimientos profesionales proporciona oportunidades para acceder a puestos más interesantes.
- Estar orgullosos del propio trabajo. Enorgullezcámonos de la importancia de nuestros puestos. Seamos conscientes de cómo nuestro trabajo contribuye al éxito de la organización, mejora las relaciones con los clientes o aumenta el bienestar de la comunidad.
- No esperar. Si empezamos a experimentar desgaste, no podemos esperar hasta que afecte a nuestro trabajo. Al contrario: probemos a hacer cambios positivos en nuestro trabajo actual. Deberíamos

hablar con el supervisor del departamento de recursos humanos y solicitar un cambio que nos permita evitar el desgaste profesional y recuperar la energía, para ser empleados más felices y productivos.

Por otro lado, revisa y aplica las sugerencias para aliviar el estrés expuestas en el capítulo 6.

Capítulo 8

Cómo reducir la presión del tiempo

Una de las causas más comunes de estrés en el trabajo es la constante presión de cumplir plazos, realizar las tareas a tiempo y hacer frente a las innumerables interrupciones que nos impiden hacer lo que esperábamos hacer en el tiempo que dedicamos a trabajar.

La administración del tiempo comienza por fijar objetivos. Si tenemos una idea clara de nuestros objetivos, podemos evaluar la importancia de las cosas a las que nos enfrentamos en función de cómo encajan en ellos.

A menos que sepamos lo que queremos conseguir, no hay forma de evaluar con qué eficacia estamos administrando nuestro tiempo. Deberíamos hacernos esta pregunta acerca de todo lo que realizamos en el trabajo: «¿Me está ayudando lo que estoy haciendo a alcanzar mis objetivos?». Si la respuesta es no, estamos perdiendo el tiempo.

Pero no dejemos que esto nos asuste. La respuesta va a ser «no» mucho más a menudo que «sí», porque muchas veces se nos exige que hagamos cosas que no son productivas. Por ejemplo, en una gran organización el personal dedica una cantidad excesiva de tiempo a llevar un registro de lo que lleva a cabo para que otras personas lo sepan. Eso tal vez sea importante de cara al control, pero no contribuye en nada a la productividad. Para administrar nuestro tiempo con más eficacia, debemos antes determinar si lo que estamos haciendo tiene que ver con nuestros objetivos y, si no es así, determinar entonces si lo podemos eliminar. Si no es posible eliminarlo, debemos reducir la cantidad de tiempo que le dedicamos para reservarlo a otros asuntos verdaderamente productivos.

Directrices para establecer objetivos claros

Para que nuestros objetivos sean algo más que sueños imposibles, debemos esforzarnos por hacerlos específicos, alcanzables y, sobre todo, claros. Para ello hay que:

Aclarar nuestros objetivos. Indicar en términos claros lo que queremos conseguir. Por ejemplo, «mejorar la calidad de nuestro producto» es un objetivo demasiado vago. Hay que ser más específicos: «a finales de este año fiscal, el número de artículos defectuosos se reducirá en un veintitrés por ciento».

Limitar el alcance. Si los objetivos no tienen una posibilidad razonable de cumplirse, no tiene sentido fijarlos. Lo mejor es dividir los objetivos a largo plazo en otros subobjetivos que sean factibles. Por ejemplo:
Objetivo a largo plazo: desarrollar un nuevo programa de atención sanitaria para la empresa el 31 de diciembre.
Objetivo intermedio: tener toda la información sobre planes alternativos para el 30 de junio.
Objetivo a corto plazo: completar mi análisis de nuestro plan actual para el 31 de enero.

Equiparar nuestros objetivos personales con los de la empresa. Los objetivos que fijamos para nosotros y para nuestro departamento deben ser acordes con los de nuestra empresa; de lo contrario, estaremos perdiendo el tiempo. Por muy encomiables que sean nuestros objetivos, no seremos productivos a menos que hagamos lo que la organización quiere de nosotros.

Intentar ser flexibles. Hay veces en las que no es posible cumplir los objetivos que nos hemos fijado. En tal caso, no es el momento de frustrarse y renunciar. Revisemos lo que ha ocurrido, evaluemos la situación y hagamos los ajustes necesarios.

Resistirse a la autocomplacencia. Una vez que hayamos alcanzado nuestro objetivo, fijemos otro que nos haga esforzarnos para seguir mejorando y creciendo.

Análisis del tiempo

Para determinar en qué empleamos nuestro tiempo, es útil hacer un análisis del mismo. Una manera sencilla de realizar esto es preparar unas hojas de trabajo en las que dividamos nuestra jornada laboral en segmentos de quince minutos, con objeto de anotar en cada casilla lo que hemos hecho durante ese período. Hay que llevar este registro durante varios días. Lo mejor es no usar días consecutivos, pues nos interesa analizar el empleo del tiempo en más de un proyecto. Si escogemos un par de días a la semana durante unas tres semanas, podemos hacernos una idea mejor de en qué invertimos nuestro tiempo.

Al estudiar estas hojas de trabajo podemos evaluar si nuestra administración del tiempo es eficaz o no. Muchas personas se quedan atónitas cuando averiguan cuánto tiempo pierden haciendo trabajos por duplicado, papeleo innecesario, comprobación tras comprobación; y dedicándose a actividades sociales, triviales e improductivas. Un resultado muy importante del análisis del tiempo es que la persona ve cuántas interrupciones interfieren con el trabajo planeado y de dónde vienen tales interrupciones.

Uno de los problemas con las hojas de trabajo es que a veces estamos tan ocupados que nos olvidamos de apuntar en el momento las tareas efectuadas. Lo mejor, por supuesto, es anotar la tarea realizada durante ese cuarto de hora nada más terminar; pero, si estamos tan absortos en el trabajo que no lo anotamos, hagámoslo más tarde. Tal vez luego se nos olvide algo, pero la exactitud total no es tan importante como hacerse una buena idea de en qué empleamos nuestro tiempo.

Examinemos ahora algunos de los muchos problemas que nos causan estrés cuando hacemos todo lo posible por usar el tiempo de una manera más productiva.

ભ

Haz primero las tareas arduas, las sencillas velarán por sí mismas.

Dale Carnegie

ભ

Esperar lo inesperado

En todo trabajo ocurren cosas inesperadas casi a diario: fuegos que hay que apagar, máquinas u ordenadores que se averían, el jefe que nos viene con un proyecto especial, un empleado que nos plantea un problema. Esperamos que estas cosas ocurran, claro, pero nunca sabemos de qué se tratará exactamente o cuándo sucederá.

Para evitar que estas molestias nos desbaraten del todo el calendario, reservemos algo de tiempo en nuestra planificación para hacer frente a lo inesperado. Si analizamos nuestras actividades diarias a lo largo de un período de tiempo, como se sugería en el apartado anterior, podremos determinar cuántas horas pasamos cada día afrontando sucesos inesperados. Por ejemplo, si en una típica jornada de ocho horas pasamos dos atendiendo estas emergencias, entonces planifiquemos sólo una jornada de seis horas. De esa manera, lo inesperado se convierte en esperado y tendremos tiempo para manejarlo.

No es probable que ningún día salga exactamente tal como lo hemos planeado, por muy bien que lo hagamos; siempre surgirán molestas interrupciones para desbaratarlo. Pero, si somos conscientes de estos ladrones de tiempo, podremos minimizar la pérdida de esos valiosos minutos y sacar mejor partido de nuestro tiempo.

Dejar las cosas para más tarde

Uno de los problemas más frecuentes que nos causan estrés al administrar nuestro tiempo es la procrastinación. Es un defecto con el que la mayoría de la gente tiene que lidiar. Pero el motivo de que dejemos las cosas para más tarde varía de unas personas a otras.

Cal no tiene problemas cuando trabaja en un solo proyecto, pero cuando se enfrenta a varios siempre pospone los que le gustan menos, incluso cuando tienen prioridad.

Muchos de nosotros somos como Cal. Si tenemos dos cosas que hacer relativamente de la misma importancia, ¿cuál haremos primero? La mayor parte de la gente hará la que le gusta más; y eso es un error, tanto pragmática como psicológicamente.

Si hacemos antes lo que nos gusta, al final tendremos que hacer de todos modos lo que nos disgusta; como nos disgusta, es muy probable que no lo hagamos muy bien; y, cuando por fin nos pongamos a ello, iremos justos de tiempo para cumplir el plazo. Ahora tenemos tres cosas en contra: primera, que no nos gusta; segunda, que no lo hacemos muy bien; y tercera, el plazo. ¡Ya la hemos fastidiado! Sin embargo, si nos libramos antes de lo que no nos gusta, cuando se aproxime el momento de acabar el plazo estaremos haciendo algo que nos gusta y que hacemos bien, así que sólo tendremos una cosa en contra: el plazo, y lo cumpliremos.

Psicológicamente hablando, si hacemos primero lo que nos gusta ni siquiera lo disfrutamos. Mientras lo hacemos, todo el tiempo estamos pensando: «Cuando acabe esto tengo que hacer esa odiosa tarea». Si nos quitamos de encima antes lo desagradable, estaremos deseando que llegue el momento de hacer lo agradable.

ɞ

No temas aplicarte al máximo en tareas aparentemente insignificantes.
Cada vez que completas una de ellas, te haces mucho más fuerte.
Si realizas bien los trabajos menores,
los importantes tenderán a velar por sí mismos.

Dale Carnegie
ɞ

Miedo al fracaso

Otra razón común de las tácticas dilatorias es el miedo a fracasar. Un buen ejemplo de ello es Kim, que nunca parece capaz de empezar ningún proyecto. Encuentra un centenar de excusas para posponerlo. Tal vez Kim sea perezosa, pero es más probable que tenga alguna razón subconsciente para no empezar. Puede que no le guste el trabajo, o que le asuste la perspectiva de no hacerlo bien, así que se anda con rodeos. Kim es una de esas personas que no corren riesgos, por eso a menudo no se pone a trabajar hasta que la espolea su jefe. Si tiene cualquier duda sobre algún encargo, no empieza con él hasta que se siente absolutamente segura. Superficialmente estas dudas tienen sentido; pero, a menos que Kim adquiera más confianza en sus aptitudes, nunca dejará de retrasar las cosas.

Inercia

El jefe de Patti está preocupado porque con frecuencia no cumple los plazos. Cada mañana Patti pasa una considerable cantidad de tiempo «organizando» su trabajo. Revuelve papeles, escribe etiquetas para cada carpeta en diversos colores, etcétera. Cuando acaba con eso, va a servirse una taza de café, charla un rato con sus compañeros y, finalmente, pone manos a la obra.

En la evaluación del rendimiento, su jefe le indica que ése es el aspecto en el que debe mejorar. La presiona para que trabaje más duramente, con más acierto y más rápido. Patti le obedece, pero sigue sin cumplir los plazos. ¿Por qué? Porque tanto Patti como su jefe se están fijando en el síntoma, no cumplir los plazos, cuando deberían fijarse en la verdadera causa: su indecisión, que la empuja a tardar mucho en empezar. Si empezara antes, no tendría que trabajar más rápido ni más duramente para cumplir cada plazo.

Para superar esa inercia, Patti debe estudiar qué hace antes de empezar un proyecto. De ese modo se dará cuenta del tiempo que pierde «organizando». La explicación que da es que, si organiza cuidadosamente su trabajo con anterioridad, luego todo irá sobre ruedas y le permitirá conseguir más cosas. Qué duda cabe de que es importante organizar el trabajo, pero lo que ella hace es organizar en exceso. Tiene que aprender a preparar las cosas menos laboriosamente. Una forma de hacerlo es fijar un plazo para cada fase del proyecto, en lugar de un solo plazo para todo. El plazo más importante para Patti es el primero, la organización del proyecto. De este modo puede estimar cuánto tiempo necesita para la preparación y notar si se está excediendo.

La procrastinación no es el no cumplir plazos; como ya hemos señalado en el caso de Patti, es el retrasar el comienzo de las tareas.

La manera en que Dick aborda un encargo es otro buen ejemplo de esto. Su jefe le encarga un proyecto con un plazo de ocho semanas a partir de ese momento, así que Dick piensa: «Ocho semanas, eso es mucho tiempo», y por tanto lo guarda en el cajón donde tiene los proyectos a largo plazo. Unas semanas después, Dick le echa otro vistazo. «Aún queda un montón de tiempo para hacerlo», piensa, y vuelve a guardarlo en el cajón. Pero un buen día se da cuenta de repente de que se le acaba el plazo, así que ahora tiene que darse mucha prisa para acabarlo a tiempo.

Cuando nos hagan un encargo a largo plazo, estudiémoslo de inmediato. Tengamos en cuenta nuestras otras prioridades, los recursos de los que podemos disponer y los problemas a los que probablemente nos enfrentaremos –basándonos en nuestra experiencia previa con este tipo de encargos– y fijemos una fecha de inicio. Por ejemplo, estimamos que en este proyecto tardaremos seis semanas, así que fijamos la fecha de partida en consecuencia. Si podemos, fijemos también plazos intermedios para las distintas fases del proyecto.

Ahora sí podemos olvidarnos de ese proyecto hasta la fecha de inicio, digamos que el día uno del mes que viene. Cuando llega ese día, miramos el calendario y nos damos cuenta de que debemos comenzar el proyecto. Así que, ¿lo empezamos? ¡No, si somos personas que se andan con dilaciones! Encontraremos todas las excusas imaginables para no empezar. Necesitamos que alguien nos espolee.

¿Quién nos espolearía? Ciertamente, no nuestro jefe; eso no sería sensato por su parte. Tampoco uno de nuestros subordinados; eso no sería prudente. Debemos encontrar otra persona con tendencia a dejar las cosas para más tarde, como nosotros, para poder jugar con ella al juego del aguijoneo. Nos creemos en la obligación de conocer su calendario de trabajo y ella se cree en la obligación de conocer el nuestro. Cuando llegue el primero de mes, ese compañero de juegos vendrá a nosotros para preguntarnos: «¿Empezaste el proyecto?».

A lo que nosotros responderemos: «Todavía no. ¡Tengo tantas cosas que hacer!».

«¡Pues empieza ya!», insistirá esa persona; y nosotros haremos lo mismo por ella.

Concedernos un incentivo

Otro enfoque es concedernos incentivos a nosotros mismos. Carol tiene dos defectos que llevan fastidiándola toda su vida adulta: se anda con dilaciones y, aunque debe seguir una dieta para no engordar, hace trampas. «Me encantan los postres empalagosos», confiesa, «y me salto la dieta».

Para afrontar esto, Carol combinó las soluciones a ambos defectos. Ahora sólo se permite tomar postre si ha cumplido la fecha de inicio y los plazos intermedios de sus proyectos. Dijo: «No tengo tantos proyectos, así que hago muchas menos trampas; pero ahora, cuando veo una tarea pendiente en mi calendario, sé que si la hago ese mismo día ¡Premio! Esa noche hay un postre rico para mí».

No tiene que tratarse de comida, pero si nos prometemos una recompensa, es más probable que hagamos el esfuerzo de superar la procrastinación.

No reforcemos la procrastinación en nuestros subordinados

Es un martes por la mañana. Karen le hace un encargo a Nancy.

«Nancy», le dice, «este trabajo sólo debería ocuparte cinco o seis horas, pero necesito que lo tengas listo para el viernes a mediodía sin falta». El problema es que se trata de la clase de trabajo que más disgusta a Nancy.

El jueves, Karen comprueba el asunto. «¿Cómo vas con ese encargo que te hice antes de ayer, Nancy?».

«No lo he empezado todavía».

«¿Que no lo has empezado todavía?», pregunta Karen incrédula.

«Sigo trabajando en el encargo anterior».

Karen se deja llevar por el pánico: «Devuélvemelo. Se lo daré a Amanda para que lo haga ella».

Con esto, Karen le ha transmitido a Nancy un mensaje: si no te gusta hacer algo, entretente y la jefa se lo endosará a otro. Lo que Karen debería haber hecho es decir: «Deja ahora mismo lo que estás haciendo, que ya lo terminará Amanda, y ponte con lo otro». Nancy habría captado un mensaje muy diferente.

No podemos evitar todos los problemas

Harry sabía que el proyecto que le habían asignado estaba lleno de obstáculos. La última vez que se encargó de un proyecto similar, surgieron problemas a cada paso que daba. Le enfermaba tener que enfrentarse a eso de nuevo, así que se puso a darle largas al asunto con la esperanza de que lo cancelaran o lo aplazaran. Pero eso no eran más que ilusiones. Cuando por fin lo empezó, tenía mucho menos tiempo para abordar los aspectos complejos del mismo, así que no pudo acabarlo antes de la fecha límite; se le pasó el plazo.

Todos sabemos por experiencia que ningún proyecto está libre de problemas y que siempre surgen cosas inesperadas. Pero deberíamos considerarlo un reto, no un obstáculo, y tenerlo en cuenta al elaborar nuestro plan de trabajo.

Cuando se enfrentó a una situación análoga, Naomi revisó el encargo anterior en el que se habían presentado complicaciones similares. Enumeró las áreas en las que podían surgir factores comparables y planeó cómo superarlos.

En lugar de darle vueltas a la dificultad de la situación y demorar el comienzo del trabajo, Naomi aprovechó ese tiempo para prepararse de cara a controlar las dificultades previstas antes de que se materializaran.

Cuando el trabajo no nos gusta

Keith es un jefe de ventas regional estadounidense que se encarga de tres estados. Trabaja desde su casa; aunque está de viaje la mayor parte del tiempo, al final de cada mes tiene que dedicar unos tres días a elaborar un complejo informe de las ventas realizadas. Ésa es la única parte de su trabajo que realmente le disgusta. Sin embargo, no hay nadie en quien pueda delegar para hacerlo. Cada mes Keith pospone la preparación de ese informe. Se pone con otros proyectos que también hay que hacer. Pero su jefe le ha informado de que no va a tolerar ni un retraso más.

Keith sabía que el que no le gustara esa tarea no era excusa. Tenía que encontrar alguna forma de generar suficiente entusiasmo sobre los informes de ventas.

Cuando leyó algo sobre un programa informático que convertía las estadísticas en gráficos de colores, convenció a su jefe para que le permitiera presentar sus informes en ese nuevo formato. Entusiasmado con la nueva tecnología, convirtió lo que había sido una tarea aburrida y temible en algo estimulante y gratificante.

ೞ

Si uno no ha triunfado en algo que ha deseado mucho, que no se rinda y que acepte la derrota. Debe probar algo distinto.
Hay más de una cuerda para su arco, aunque sólo si descubre esa cuerda.

Dale Carnegie
ೞ

El azote de la bandeja de entrada

Uno de los ladrones del tiempo diario más persistentes es la bandeja de entrada que la mayoría de nosotros se encuentra cada mañana al presentarse a trabajar. Ya se trate de la bandeja de tu correo electrónico o de una cesta en tu escritorio, siempre está llena de memorándums, cartas, informes, folletos e innumerables documentos más. Incluso cuando creemos que la tenemos bajo control, llega una nueva partida de papeles o de mensajes por correo electrónico.

Cuando contemplamos la rebosante bandeja de entrada en nuestro escritorio o todos los mensajes marcados como «no leído» en el correo electrónico, podemos sentirnos tentados a tirarlo todo por la borda. A medida que la pila de trabajo pendiente crece y crece, uno se pregunta cómo puede al menos empezar a meterle mano. He aquí algunas sugerencias:

Establecer prioridades

A fin de manejar nuestro trabajo con más eficacia, hay que establecer prioridades; lo cual puede ser más fácil de decir que de hacer. Lo que a nosotros nos parece de alta prioridad puede ser menos importante a ojos de nuestro jefe. Se necesita una clara comprensión de lo que quieren los directivos de alto nivel para poder determinar la importancia relativa de los proyectos en los que intervenimos.

Algunos expertos en gestión del tiempo recomiendan clasificar el trabajo pendiente en cuatro categorías A, B, C y D: «A» para las cosas más importantes, «B» para las de importancia intermedia, «C» para el trabajo rutinario y «D» para todos los asuntos irrelevantes que se pueden posponer, delegar o directamente ignorar.

Pongamos un caso, cuando Diane va a trabajar cada mañana, realiza una revisión superficial del trabajo pendiente de su escritorio y de los nuevos mensajes recibidos por el correo electrónico para determinar a qué categoría pertenecen. Por ejemplo, una carta o mensaje de un cliente en relación con un cambio en su pedido entra en la categoría «A»; un mensaje telefónico de un proveedor sobre unos artículos nuevos que pueden ser interesantes entra en la «B»; un informe de ventas mensual entra en la «C»; folletos, comunicados, boletines informativos, etcétera, pasan directamente a la «D». Eso no le lleva más de diez minutos, y ahora puede concentrarse en los asuntos de la categoría «A», luego en los de la «B», y así sucesivamente.

Fijarse en el mensaje, no en el medio

Cuando Diane estaba revisando los asuntos pendientes, se fijó en que había dos faxes. Su primera reacción fue concederles alta prioridad. Después de todo, eran faxes. Pero luego recordó su entrenamiento en priorización: no juzgar el mensaje por el modo de enviarlo, sino por su contenido.

Marshall McLuhan, un experto en comunicación, nos advirtió de que no debíamos dejarnos influir demasiado por el medio a través del que recibimos la información, sino concentrarnos en el mensaje.

El hecho de que la correspondencia se reciba por correo electrónico, mensajes de texto, correo expreso FEDEX, fax o algún otro sistema de envío rápido no significa que sea más importante que la correspondencia repartida por los canales regulares. Hoy día muchas empresas y particulares usan estos sistemas de envío rápido para asuntos de rutina. Leamos el contenido y ocupémonos de él de acuerdo con su *verdadera* importancia.

Interrupciones

Una vez establecidas sus prioridades, Diane empieza a trabajar en la lista «A». Mientras trabaja en su ordenador, ve varios avisos de nuevos mensajes por correo electrónico. Una persona menos disciplinada que Diane lo habría dejado todo para abrir esos mensajes sin leer; pero ella se ha entrenado para terminar un proyecto allá donde sea posible antes de ponerse con otro. Ya hay suficientes interrupciones que no puede evitar de llamadas telefónicas y visitas en persona de su jefe u otros; pero la mayor parte del papeleo y los mensajes por correo electrónico por lo general pueden esperar.

Cuando ha completado lo que estaba haciendo, examina el nuevo material y lo clasifica rápidamente. Si hay algo de naturaleza urgente, le dará prioridad sobre algunos de los asuntos clasificados antes.

Algunas personas se quejan de que nunca pueden llegar al fondo de su bandeja de entrada. «En cuanto parece que hago algunos progresos, llega otra partida de trabajo», dicen.

Por desgracia, esto no es raro. La mayoría de las empresas están tan sobrecargadas de trabajo que ni los trabajadores ni los directivos consiguen hacerlo todo. Algunas veces esto se soluciona aumentando el personal. Sin embargo, eso no siempre es factible en un medio de negocios que se está haciendo cada vez más consciente de los costes. Debemos aprender a trabajar más rápido.

Hoy día, una buena parte del papeleo se puede racionalizar o incluso eliminar a través de una revisión creativa de lo que se está haciendo.

He aquí algunas sugerencias sobre cómo reducir más rápido el volumen de nuestra bandeja de entrada:

No responder a un memorándum con otro memorándum. Si recibimos un memorándum de otro directivo de la empresa solicitándonos cierta información, en lugar de responder con un nuevo memorándum, respondamos al pie del que nos envían. Si necesitamos una copia para nuestros archivos, fotocopiémoslo.

Delegar correspondencia. Ocurre con frecuencia que la información que nos piden en una carta o mensaje por correo electrónico obra en poder de otro miembro del equipo. En tales casos se ahorra una cantidad considerable de tiempo si delegamos directamente la tarea de responder al solicitante en dicho miembro del equipo.

Si establecemos prioridades y nos atenemos a ellas, seremos los amos de la bandeja de entrada virtual en lugar de sus esclavos. Si juzgamos el contenido de la bandeja por el mensaje, no por el medio de envío, tomaremos mejores decisiones en lo tocante a prioridades, de modo que haremos primero las cosas importantes. Y, al reevaluar creativamente los métodos que usamos para manejar el papeleo y los mensajes por correo electrónico, podemos perder menos tiempo y volvernos más productivos.

Correo electrónico, mensajes de texto, blogs, etcétera

En estos últimos años, la bandeja de entrada tradicional ha sido reemplazada en gran parte por comunicaciones electrónicas. Además de tener que lidiar con la bandeja de siempre, estamos desbordados con mensajes por correo electrónico, mensajes de texto y otros medios similares. Para tener control sobre esto, sigamos las mismas reglas que al manejar el papeleo. Recuerda lo que dijimos antes: céntrate en el mensaje, no en el medio.

No temas delegar

Una de las mejores formas de evitar el estrés debido al exceso de trabajo es delegarlo en otros miembros del personal. Para hacer esto tenemos que tener suficiente confianza en esas personas, saber que realizarán el encargo satisfactoriamente y con diligencia.

Es cierto que somos responsables de todo lo que pasa en nuestro departamento; pero, si tratamos de hacerlo todo nosotros solos, nuestra jornada laboral se alargará a doce horas o más. Eso puede llevar al desgaste profesional y producir úlceras, infartos de miocardio y crisis nerviosas.

Hay ciertas cosas, por supuesto, que sólo nosotros podemos hacer, decisiones que sólo nosotros podemos tomar y áreas críticas que sólo nosotros podemos manejar. Ahí es donde nos ganamos el sustento. Sin embargo, muchas de las actividades que realizamos podrían y deberían hacerlas otros. He aquí algunas de las razones por las que dudamos en delegar:

• Podemos hacerlo mejor que nuestros subordinados. Tal vez sea cierto, pero deberíamos invertir nuestro tiempo y nuestras energías en cosas más importantes. Contratamos a los miembros de nuestro personal porque tienen aptitudes y habilidades que contribuyen positivamente a la actuación del grupo. Al delegar encargos en ellos, les damos la oportunidad de usar esas aptitudes. La delegación nos permite asignar a cada nivel de responsabilidad el trabajo más adecuado para él, lo que nos ayuda a nosotros y a los miembros de nuestro equipo a cultivar las aptitudes y a hacer mejores contribuciones.

- Obtenemos una gran satisfacción de cierta faceta del trabajo y nos resistimos a renunciar a ella. Todos nosotros disfrutamos con ciertas cosas del trabajo y somos reacios a asignárselas a otros. Consideremos la tarea con objetividad. Incluso si tenemos un proyecto favorito, debemos delegarlo si podemos emplear nuestro tiempo en realizar otras actividades de más responsabilidad que ahora nos corresponden como directivos.
- Nos preocupa que, si no lo hacemos nosotros, no se hará como es debido. Pero al contratar, formar y adiestrar a los miembros de nuestro personal, creamos un verdadero equipo en el que podemos confiar porque sabemos que hará lo que hay que hacer.

Di «no»

Cuando le pedían a Sally que asumiera un nuevo encargo o que ayudara a un colega, siempre aceptaba. Andando el tiempo llegó a estar tan empantanada en esas tareas especiales que su propio trabajo se resintió y ella empezó a estar tensa, cansada y a punto de «quemarse» profesionalmente.

Por suerte, la directora de recursos humanos se dio cuenta del problema y la aconsejó: «Sally, te estás metiendo en camisa de once varas», le dijo. «El mes pasado, además de tu volumen de trabajo asignado, accediste a ayudar a Sam con su proyecto y colaboraste voluntariamente en la comisión de la empresa que organiza la comida campestre anual».

«Bueno», respondió Sally, «Sam necesitaba ayuda cuando me la pidió y no pude decirle que no. En cuanto a lo de la comisión de la comida campestre, estuve en ella el año pasado, así que cuando el presidente me pidió que estuviera también este año, creí que era mi deber aceptar».

«Sally, haces las cosas con buena intención, pero si quieres contribuir con tu trabajo a la empresa de la mejor manera posible y al mismo tiempo conservar tu salud física y emocional, tienes que aprender a decir "no"».

Sally comprendió que caer bien a otros o sentirse en la obligación de aceptar encargos que no son acordes con sus propios objetivos y los de su departamento era contraproducente. Requirió disciplina por su parte y el aliento de sus amigos, pero aprendió a negarse diplomáticamente a esas peticiones.

Lo más importante

Una de las razones del estrés en el trabajo que se aducen con más frecuencia es la presión del tiempo. Ya se trate de cumplir plazos, de realizar proyectos especiales o simplemente de hacer frente a nuestra cantidad de trabajo diaria, a menos que administremos el tiempo con eficacia, nos agotaremos.

Siguiendo estas prácticas básicas, se puede gestionar el tiempo más eficazmente y reducir el estrés en el trabajo:

- Establecer objetivos realistas y valiosos.
- Priorizar. Clasifiquemos el trabajo en función de su importancia para alcanzar los objetivos fijados por nuestra organización, nuestros jefes y nosotros mismos.
- Evaluar el empleo del tiempo. Hagamos análisis periódicos de cómo usamos los días para ver qué actividades se pueden eliminar, mejorar o gestionar con más eficacia.
- Identificar las interrupciones frecuentes para procurar minimizarlas.
- Evitar la procrastinación. Ésta no consiste en no acabar los proyectos a tiempo, sino en no empezarlos.
- No temer decir que «no».
- Decidir la prioridad del mensaje en función del contenido, no del medio por el que nos lo envían (documentos en papel, correo electrónico, mensajes de texto, etcétera).

- Delegar. No podemos –ni debemos– hacerlo todo nosotros. Formemos un equipo competente con el que estemos seguros de que va a realizar lo que le asignemos.

Capítulo 9

Cómo adaptarse al cambio

Cualquier cambio a la hora de hacer cosas en nuestra vida privada o en el trabajo nos preocupa. Estamos acostumbrados a hacer las cosas de una manera y ahora se nos exige que las hagamos de otra. Esto es particularmente preocupante en el trabajo, donde nuestro rendimiento es observado y evaluado constantemente por nuestro jefe. Ahora que teníamos confianza en nuestro estilo de trabajo, va y nos da instrucciones para que lo cambiemos.

Y la cosa es aún más preocupante cuando no sabemos qué cambios se van a hacer, como por ejemplo cuando cambiamos de jefe, nos encargan una tarea nueva para nosotros o reorganizan nuestro departamento.

A nivel individual presentamos una colección variada de reacciones a los cambios, dependiendo de cómo percibimos que afectan a nuestra organización y a nosotros mismos. Debemos afrontar el reto de adaptarnos al cambio en la organización adaptando al mismo tiempo nuestras actitudes, nuestras emociones y a nosotros mismos.

La mayoría de nosotros experimenta miedo hasta cierto punto en un ambiente de trabajo cambiante. No sabemos si el cambio nos afectará positiva o negativamente. No sabemos cuál es nuestro futuro dentro del plan de cambio de la organización previsto por la gerencia. No sabemos si el trabajo que hemos estado haciendo hasta ahora será valorado en lo sucesivo. Para tener éxito en tiempos de cambio, tenemos que encontrar formas de vencer nuestros miedos.

La zona de bienestar

En el trabajo vivimos en una cierta zona de bienestar, un terreno conocido donde determinados aspectos de nuestra carrera hacen que nos sintamos cómodos y confiados. Sin embargo, hay otras responsabilidades laborales que nos provocan ansiedad y nos sacan de dicha zona de bienestar. Las personas de éxito se preparan para ser empujadas hasta el borde de la zona una y otra vez mientras acumulan experiencia y responsabilidad y mientras tratan de adaptarse al cambio en su lugar de trabajo.

Enfrentarse al cambio no es fácil. Con frecuencia implica abandonar nuestra antigua forma de pensar sobre el trabajo. El papel que desempeñamos al avanzar puede ser bastante diferente de lo que pensábamos. Para que el cambio tenga éxito en toda la organización, todo el mundo tiene que ser tan flexible como pueda. Eso a veces puede parecer bastante difícil, especialmente si creemos que nos están empujando en una dirección en la que no queremos ir, o incluso que estamos dando un paso atrás durante un período en nuestra carrera.

Control de la actitud

Nuestras actitudes quedan maltrechas durante los tiempos de cambio. No sólo nos sentimos inseguros e incómodos; en ocasiones tenemos verdaderos problemas con el cambio y no nos sentimos nada positivos al respecto. Un día lo afrontamos bien, pero al siguiente nuestros miedos y rencores superan a los pensamientos positivos, y perdemos el control sobre nuestra actitud. Cuando esto sucede, contribuimos poco o nada al proceso del cambio.

A lo largo de toda nuestra carrera, nuestros cometidos y responsabilidades cambian sin cesar. A medida que avanzamos tenemos que empezar a afrontar desafíos como liderar equipos, dirigir reuniones, comunicar nuestra visión y nuestra misión, etcétera. En este panorama profesional en constante cambio, la verdadera adaptabilidad puede ser más importante que cualquier otra aptitud a la hora de asegurarnos un éxito continuo a largo plazo. Los siguientes principios nos ayudarán a replantearnos de manera productiva nuestros patrones de conducta:

1. Ajustar las expectativas.

Esperábamos un ascenso este año, pero las condiciones económicas son malas o nuestra empresa está teniendo problemas internos. Tenemos que ajustar nuestras expectativas y no esperar el ascenso hasta el año que viene o incluso más tarde.

Tenemos una relación excelente con nuestra jefa, que aprecia nuestro trabajo y nos anima a mejorar nuestra actuación y a adquirir aptitudes adicionales de cara a posibles ascensos. Pero nos enteramos de que la transfieren a otro sitio y de que ya no vamos a estar más bajo sus órdenes; nos preocupa que sea difícil trabajar para el nuevo director y que no nos llevemos bien con él. Pues bien: en lugar de preocuparnos, debemos reconocer las diferencias en el estilo de dirección del nuevo jefe y ajustar nuestra manera de trabajar como corresponde.

2. Prever los posibles cambios antes de que se hagan evidentes.

Ésta es una estrategia fascinante y gratificante para adaptarse al cambio. Asumamos siempre que el cambio está a la vuelta de la esquina. ¿A quién querríamos conocer —o llegar a conocer mejor— si ocurriera ese cambio? Empecemos a cultivar ahora estas relaciones y creemos una gran red de apoyo y aliento.

3. Practicar la paciencia.

Cuando se trata del cambio, muchas veces deseamos terminar con él y cambiar de tema lo antes posible. El ciclo de cambio en el lugar de trabajo a menudo dura más tiempo del que esperamos. El cambio ha de ser comunicado e integrado, y se necesita tiempo para ajustar todas las funciones organizativas adyacentes. Los individuos también necesitan tiempo para adaptarse al ambiente de trabajo cambiante.

4. Ser aventureros.

Abordemos el cambio como un desafío. Los hombres y las mujeres que se han adaptado con éxito a los cambios en el trabajo están dispuestos a correr riesgos. Debemos estar dispuestos a lanzarnos a la planificación y preparación, a enrolar a otros en el proceso y a analizar los nuevos horizontes profesionales que aparezcan como resultado del cambio.

Stanley había trabajado como especialista en control de calidad para su empresa durante ocho años. Era bueno en su trabajo y esperaba ascender en el departamento a su debido tiempo. Se mantenía al corriente de los últimos avances en su campo leyendo publicaciones del sector y asistiendo a reuniones de la sección local de la Sociedad Americana para la Calidad.

En una de esas reuniones se enteró de la existencia de la metodología Seis Sigma de control de calidad, que General Electric y muchas otras empresas estaban utilizando con resultados muy buenos. Leyó mucho sobre esta nueva metodología y convenció a su empresa para que le enviara a asistir a seminarios sobre ella. Unos años después, cuando la empresa decidió emplear el método, él era la persona mejor cualificada para recibir un ascenso de cara a instalarlo y ponerlo en funcionamiento.

5. Practicar el descontento constructivo.

Todos hemos oído esta expresión: «Si no está estropeado, no lo arregles». Eso es ser corto de miras; pero no quiere decir que todo lo que hacemos necesite arreglo, sino que no hay progreso posible si no revisamos de vez en cuando lo que hacemos y nos preguntamos «¿cómo podría yo cambiar para bien?, ¿cómo podría la organización cambiar para bien?». En lugar de expresar un descontento que mina los esfuerzos para cambiar, deberíamos estar abiertos a las nuevas ideas, métodos y enfoques en el trabajo.

6. Probar algo nuevo cada día.

Cuando nos desalojan de nuestra zona de bienestar, tenemos tendencia a tratar de crearnos otra tan rápido como sea posible. ¿Qué sentido tiene derribar los viejos muros si levantamos otros nuevos? Animémonos a probar al menos una forma nueva de adaptarnos al cambio cada día. Hagamos un esfuerzo fructífero y positivo.

7. Pedir aportaciones.

Otros miembros de nuestra organización pueden tener idea de cómo podríamos adaptarnos mejor al cambio. Pidamos ideas y sugerencias sobre lo bien o lo mal que nos estamos adaptando. Las épocas de cambio son el momento de construir puentes, no barreras; son el momento de estar abiertos a las sugerencias, no a la defensiva.

Pero, a la hora de buscar consejo o sugerencias, no estamos limitados a la gente de nuestra propia organización; creemos una red externa de informadores. Cuando Dorothy consiguió su primer trabajo como auxiliar de recursos humanos, se afilió a la sección local de la Asociación para la Gestión de Recursos Humanos. Cada vez que asistía a una reunión, en lugar de sentarse con personas que ya conocía se unía a otros grupos diferentes. Una vez terminada la reunión, tomaba notas sobre cada una de esas personas y las introducía en su archivo de contactos. A través de los años, cuando se enfrentaba a un problema, consultaba ese archivo en busca de miembros de la asociación que hubieran hablado de problemas similares en alguna reunión y les telefoneaba para discutir la situación con ellos. Esto le proporcionó a Dorothy un amplio abanico de recursos mientras ascendía en su carrera profesional.

ɔ

No permitas que nada te desaliente. Sigue esforzándote. No desistas nunca de tu propósito. Ésa ha sido la norma seguida por la gran mayoría de los que han logrado el éxito. Naturalmente que el desánimo hará su aparición, pero lo importante es superarlo; y, si puedes hacerlo... ¡el mundo será tuyo!

Dale Carnegie
ɔ

No temer enfrentarse al cambio

Cuando nos enfrentamos al cambio, es fácil pensar que no lo necesitamos, que no podemos hacerlo o simplemente que no lo queremos. En el lugar de trabajo, todos los días vemos ejemplos de personas que exhiben estas actitudes. Son comunes en épocas de cambio. Dichas actitudes son improductivas y con ellas no es probable que consigamos mucho éxito o reconocimiento. A fin de adaptarnos, tenemos que reemplazar esas actitudes que nos frenan por otras a favor del cambio que está ocurriendo.

Motivación para cambiar

A veces la motivación para cambiar se debe a asuntos externos a la organización, como reorganizaciones, cambios en la dirección, traslados o adquisiciones/fusiones. Otras veces viene de fuerzas internas, como una actualización de la tecnología, expansiones y crecimiento, o continuas mejoras.

Para que el cambio sea eficaz, sigamos estas directrices:

Analizar la situación

Realicemos un análisis exhaustivo de las oportunidades y los riesgos asociados al cambio propuesto. Preguntémonos:
- ¿Cuáles son los beneficios potenciales del cambio?
- ¿Qué costes tendría?
- ¿Cuáles son los riesgos de efectuar el cambio?
- ¿Cuáles son los riesgos de no efectuarlo?

Planificar la dirección

Una vez determinado que las oportunidades del cambio superan a los riesgos, hay que elaborar un plan para su puesta en práctica. Muchas iniciativas de cambio organizativas fracasan por falta de una planificación cuidadosa, concienzuda. De este paso depende en última instancia el éxito o fracaso del cambio. El plan debe incluir estos elementos clave:
- Estudio del impacto del cambio en los individuos que se verán más afectados.
- Estudio del impacto del cambio en los sistemas dentro de la organización que se verán más afectados.
- Un plan progresivo para integrar el cambio dentro de la organización.

Poner en práctica el cambio

Según sea el tipo y alcance del cambio, su puesta en práctica dentro de la organización puede ser gradual o repentina. Los cambios del tipo de las reducciones de plantilla o las adquisiciones con frecuencia se llevan a cabo casi sin aviso previo, mientras que la contratación de personal, las reorganizaciones o los cambios de tecnología se pueden introducir gradualmente.

El aspecto más decisivo en esta etapa del proceso de cambio es que el personal mantenga abiertas líneas de comunicación sinceras entre sí. Aparte de eso, hay que:
- Definir las responsabilidades individuales.
- Anunciar y emprender el cambio.
- Atenerse al calendario.
- Promocionar las ventajas previstas del cambio.

Revisar la dirección

Una vez llevado a cabo el cambio, debemos controlar el resultado de la nueva estructura, del nuevo sistema. No podemos esperar que el cambio se desarrolle exactamente como lo habíamos planeado, o que todos los individuos afectados por él reaccionarán de la forma prevista. Nuestro cometido es observar puntos de control que revelen si el cambio está funcionando como habíamos previsto y si está produciendo los resultados deseados. Para ello deberíamos:
- Establecer formas de medir los resultados.
- Comunicar los criterios para los resultados del cambio.
- Coordinar la observación y medida de los efectos del cambio.
- Informar a miembros clave del equipo constantemente durante el proceso de revisión.

Integrar los cambios en las normas de la organización

Cuando la puesta en práctica del cambio se ha revisado y se ha visto que ha salido como estaba planeado, el cambio en sí se adopta y pasa a formar parte de la nueva norma organizativa. El proceso de revisión no ha terminado, pero se convierte en el seguimiento continuo de los sistemas y las relaciones que han cambiado en el seno de la organización. Deberíamos preguntarnos a nosotros mismos:

- ¿Se están produciendo los resultados planeados del cambio?
- ¿Qué tal me he adaptado al nuevo estado de cosas?
- ¿Qué aspectos del cambio no se han ajustado a las expectativas?
- ¿Qué papel desempeño yo en hacer que esos aspectos mejoren?

Hacer los ajustes necesarios

Si en el proceso de revisión vemos que el cambio no está funcionando como habíamos planeado, tenemos que hacer ajustes en su puesta en práctica. Suponiendo que hemos ejecutado con exactitud nuestro análisis y nuestro plan para el cambio, deberíamos ser capaces de ajustar la puesta en práctica del cambio organizativo a fin de conseguir los resultados que deseamos. Tenemos que:

- Determinar en qué se están desviando los resultados de nuestro plan.
- Asignar a individuos clave la tarea de determinar qué ajustes hay que hacer.
- Mantener las líneas de comunicación abiertas con todos los implicados.
- Hacer ajustes en el proceso de revisión además de en la puesta en práctica del cambio.

ભ

La persona que llega más lejos es generalmente la que está dispuesta a irse y se atreve a hacerlo. El barco «seguro» nunca se aleja de la orilla.

Dale Carnegie
ભ

Categorías de cambio organizativo

Cuando las organizaciones experimentan cambios, todos los individuos de la parte que ha cambiado se ven afectados. Si les mantenemos informados sobre la parte que les afecta en el cambio, minimizaremos su preocupación por el efecto en su trabajo. Entre los cambios más comunes en el lugar de trabajo podemos citar:

Cambios en la estructura organizativa

Comprenden los cambios en responsabilidades, la revisión de las estructuras de los informes de trabajo, los traslados físicos y cambios de primer orden como son las fusiones y adquisiciones. Todos estos cambios suelen hacer que las personas implicadas se sientan trastornadas e incómodas. La comunicación y el apoyo personal son elementos clave a la hora de llevar a cabo este tipo de cambios organizativos.

Productos, servicios y procesos nuevos o actualizados

Añadir nuevos servicios y/o líneas de productos sin duda es un cambio positivo para la organización, pero afecta a todo: la fabricación, el inventario, el almacenaje, la prestación de servicios y las ventas. En estos casos la dirección debe mantener abiertos canales de comunicación y acceso a la nueva información.

Cambios en el liderazgo

La típica organización de hoy día es una constante sucesión de ascensos, traslados, jubilaciones, despidos y reorganizaciones. Todo ello tiene como resultado cambios en la dirección. El reto de manejar estos cambios está en buscar la compenetración entre la dirección y el personal, y en crear confianza tan rápido como sea posible.

Nuevas tecnologías

A medida que la tecnología evoluciona a un ritmo siempre creciente, los individuos y los equipos se esfuerzan como pueden para mantenerse por delante de los cambios.

En estos casos, los individuos pueden sentirse abrumados e ineficientes.

Cómo manejarnos durante el cambio organizativo

Como líderes que somos, se espera de nosotros que demos ejemplo de respuestas apropiadas al cambio. Otros miembros de la organización nos miran para ver cómo reaccionamos al cambio en el lugar de trabajo. Si parecemos preocupados o estresados por él, sus propios miedos se reforzarán. Tenemos que acordarnos de mantener bajo control nuestras acciones y actitudes. Para ello:

1. Evitemos la charla negativa con nosotros mismos. Reconvirtamos los pensamientos de rencor o miedo en otros positivos de desarrollo individual y oportunidades.

2. Seamos abiertos acerca de lo que nos preocupa. Permitamos que otros comprendan nuestro estado de ánimo.

3. Seamos realistas con respecto a las dificultades de afrontar con éxito el cambio.

4. Reunamos información mediante preguntas e indagaciones. Informémonos sobre el cambio tanto como nos sea posible.

5. Seamos tan productivos como podamos en nuestro cometido actual. Concentrémonos en las tareas organizativas y llevemos un registro, de modo que estemos preparados para traspasar responsabilidades a otra persona. Estemos dispuestos siempre a demostrar nuestra competencia.

6. Démosles una oportunidad a las nuevas ideas. No nos apresuremos a formar juicios sobre nuestras nuevas relaciones. Mantengamos la mente abierta, abrámonos al cambio.

7. Pongamos en práctica estrategias eficaces para controlar el estrés.
8. Aumentemos nuestros conocimientos y capacidades cuando sea necesario a fin de seguir siendo considerados miembros valiosos y flexibles del equipo.
9. Consideremos la posibilidad de contactar con los recursos de nuestra organización, como por ejemplo psicólogos y mentores.
10. Esforcémonos en ser líderes en la tarea de aceptar y facilitar el cambio.

☙

Compadecerte de ti mismo, y lamentar tus circunstancias presentes, no sólo es una pérdida de tiempo, sino el peor vicio que podrías tener.

Dale Carnegie
☙

Cómo obtener la aceptación del personal

Una vez hechos los principales esfuerzos del cambio, hay que centrar la atención en la última etapa: la estrategia para consolidar, reforzar y perfeccionar continuamente los nuevos métodos. Los directivos no deben dar por supuesto que, como beneficiará a la organización, el cambio vaya a ser aceptado de buena gana por el personal. Es normal que éste se resista al cambio. El reto está en vencer esa resistencia.

No olvidemos nunca que, por lo general, la mayor parte de las personas se resistirá al cambio, al menos hasta cierto punto, y que se inclinará por volver a sus antiguos hábitos y prácticas a la menor oportunidad.

A la hora de frenar cualquier tendencia a abandonar lo nuevo para ir derivando otra vez hacia lo viejo, el primer paso es entender por qué la gente reacciona al cambio de la forma en que lo hace; y cuál es la mejor manera de minimizar su resistencia.

Los psicólogos señalan que hay cinco miedos en relación con el cambio:

1. Miedo a lo desconocido. Como más a gusto estamos es con las cosas conocidas, los ambientes familiares y las actividades seguras.
2. Miedo al fracaso. Tememos las consecuencias de probar algo nuevo que tal vez no salga bien.
3. Miedo al compromiso. Nos asusta enfrentarnos a objetivos específicos.
4. Miedo a la desaprobación. Si hacemos cambios, siempre habrá alguien que lo desapruebe. Con frecuencia dirá: «Siempre lo hemos hecho de este modo. ¿Por qué cambiar?».
5. Miedo al éxito. Tememos que, si tenemos éxito, otros nos envidiarán o pensarán que somos unos engreídos.

Si queremos mejorar personalmente y ayudar a nuestra familia, nuestro departamento y nuestra empresa, debemos vencer estos temores y esforzarnos por hacer los cambios que sean necesarios.

Cambiar implica dar los siguientes pasos. Como directivos que somos debemos no sólo darlos nosotros, sino formar a nuestro personal para que también los pueda dar:

Abandonar los viejos hábitos

Para poder entrar en una nueva situación, antes tiene que acabar la antigua, lo que solía ser. Es difícil renunciar a los hábitos, las prácticas y las pautas de pensamiento que han predominado en nuestra vida. Consideramos muchos de tales cambios en nuestras costumbres como indicios de pérdida; y ciertamente estamos perdiendo una situación segura y familiar para adentrarnos en circunstancias extrañas y a menudo escalofriantes. En algunos casos significa la pérdida de antiguos compañeros de trabajo, la pérdida de un proyecto en el que hemos invertido mucho tiempo y esfuerzos y con el que nos identificamos, la pérdida de valores que tienen sentido para nosotros.

Pero, como en cualquier pérdida, es necesario olvidarse de lo antiguo. Nunca es fácil distanciarse del pasado. Es perturbador e inquietante. Puede sacudir los cimientos de nuestra psique. Algunas personas se enfadan, otras se ponen tristes, e incluso hay quienes se desorientan; y a muchas les ocurre todo esto junto antes de librarse por fin de lo antiguo para abrazar lo nuevo.

Nuestra función como directivos es ayudar a nuestros subordinados a pasar por el laberinto del cambio, a afrontarlo en términos realistas y a llegar al fin más rápidamente, más fácilmente y con el mínimo de menoscabo emocional.

Progresar

Empezar a hacer las cosas de nuevas maneras no es sencillo. La gente se ve atrapada entre la vieja usanza y la nueva. Con frecuencia, oímos quejas y comentarios que condenan los cambios y anhelan volver a las viejas, seguras y cómodas costumbres en lugar de aventurarse en territorio desconocido.

Muchas personas se preocupan por esto y se ven asaltadas por las dudas, el miedo y la ansiedad. Se sienten desarraigadas y no muy seguras de cómo van a encajar en el nuevo orden de cosas. Las nuevas formas, los nuevos métodos, los nuevos objetivos pueden ser escalofriantes incluso para la gente que tiene a sus espaldas un historial de éxitos.

Las personas deberían atravesar el proceso de cambio pudiendo disipar sus dudas y temores a su propio ritmo. Éste es el período en el que pueden redefinir su papel, renovar su compromiso y recrear sus planteamientos. Pueden poner a prueba la nueva forma de pensar, ensayar nuevas alternativas y reconfigurar el concepto de sí mismas. Son momentos estimulantes y confusos, porque el conflicto entre el pasado y el futuro aún no está superado del todo.

ԇ

La mayoría de las cosas importantes en el mundo ha sido lograda
por personas que siguieron intentándolo
cuando no parecía haber ninguna esperanza.

Dale Carnegie

ԇ

Adaptarse al cambio

A medida que avanzamos, los nuevos enfoques reemplazan a los antiguos. Ahora estamos abiertos al proceso del cambio, estamos probando formas de pensar y de comportanos que en otro tiempo rechazábamos. Cuando vemos el éxito que tienen, se refuerza esa conducta en nosotros y empezamos a sentirnos más seguros. Ahora estamos preparados para pasar a ocuparnos de otras aplicaciones más complejas.

La nueva forma de pensar y los nuevos planteamientos del trabajo se integran del todo. Las personas adquieren una nueva experiencia de sí mismas y ven que cosas que creían imposibles están sucediendo realmente. Esto tiene como resultado una confianza en uno mismo renovada, una sensación de estar como en casa y de entusiasmo. La nueva cultura organizativa es aceptada y los individuos se comprometen para asegurar su éxito.

Los nuevos enfoques, métodos o técnicas abren la puerta a la aceptación total. Lo que en otro tiempo era extraño y atemorizador ahora es un estilo de vida.

Las personas se aclimatan a la nueva cultura y adoptan las nuevas formas de actuar. Han remodelado su propia identidad y están orgullosas de haber realizado la transición.

El final del proceso

¿Acaso el proceso de cambio acaba alguna vez? No cabe duda alguna de que el cambio es algo que está en curso. Sin embargo, para que el proceso de cambio tenga sentido hay que establecer alguna forma de finalización. Al comienzo del proceso se debería determinar cuánto tiempo va a ser necesario para cumplir los objetivos establecidos. Dependiendo de la complejidad de la situación, podrá tratarse de objetivos a corto plazo de menos de un año o de objetivos a largo plazo de varios años, así como de todas las posibilidades intermedias.

Si el plazo de tiempo estimado es demasiado corto, se podrán abordar problemas críticos y emprender algunas correcciones; pero no se conseguirán cambios duraderos que transformen realmente la cultura de la empresa. Si el plazo de tiempo estimado es demasiado largo, el entusiasmo y el compromiso con el proceso pueden decaer.

El cambio nunca acaba

Como ya hemos indicado previamente, una parte de la transformación de cualquier cultura empresarial debería ser el desarrollo de un espíritu de descontento constructivo. Se debería inculcar a directivos y empleados por igual la actitud de que las cosas nunca son perfectas y que cada uno debería estar alerta para hacer el trabajo de una manera aún más eficaz. No sólo debería cada individuo convertirse en una fuente de nuevas ideas y métodos mejorados, sino que también la propia empresa debería establecer un procedimiento para fomentar esas ideas y para procesarlas, de modo que lleguen a los niveles de dirección capaces de tomar decisiones.

Por mucho éxito que hayan tenido los cambios, no es una situación estática. No es el momento de volvernos autocomplacientes. Sí, es cierto que hemos cumplido los objetivos que habíamos fijado cuando empezó el proceso; pero habrá que seguir haciendo cambios en tecnología, en mercadotecnia, en las relaciones interpersonales, así que debemos estar preparados para seguir actualizando y revisando nuestro pensamiento y poder permanecer en condiciones óptimas de eficiencia.

Lo más importante

- La mayor parte de nosotros experimenta miedo hasta cierto punto en un entorno laboral cambiante. No sabemos si el cambio nos afectará positiva o negativamente. Para tener éxito en tiempos de cambio, debemos encontrar maneras de vencer nuestros miedos.
- Nuestras actitudes quedan maltrechas durante los tiempos de cambio. No sólo nos sentimos inseguros e incómodos; en ocasiones, tenemos verdaderos problemas con el cambio y no nos sentimos nada positivos al respecto.
- He aquí algunas maneras de mantener una actitud positiva sobre el cambio:
  — Ajustar las expectativas a las circunstancias cambiantes.
  — Cultivar relaciones y crear redes de contactos dentro y fuera de la organización.
  — Ser pacientes. Los efectos de los cambios no siempre se aclaran de inmediato.
  — Ser aventureros. Abordemos el cambio como un desafío. Probemos cosas nuevas. No temamos correr riesgos razonables.
  — Practicar el descontento constructivo. Busquemos formas de mejorar los métodos, sistemas y protocolos.
  — Pedir la opinión de otros sobre los resultados obtenidos con los cambios.
- Para que el cambio sea eficaz, sigamos estas directrices:
  — Analizar la situación. Preguntémonos:
    – ¿Cuáles son los beneficios potenciales del cambio?

– ¿Qué costes tendría?

– ¿Cuáles son los riesgos de efectuar el cambio?

–¿Cuáles son los riesgos de no efectuarlo?

— Planificar la dirección. Una vez determinado que las oportunidades del cambio superan a los riesgos, hay que elaborar un plan para su puesta en práctica.

— Poner en práctica el cambio. Según sea el tipo y alcance del cambio, su puesta en práctica dentro de la organización puede ser gradual o repentina.

— Revisar la dirección. Una vez llevado a cabo el cambio, debemos controlar el resultado de la nueva estructura, del nuevo sistema. Debemos establecer puntos de control que revelen si el cambio está funcionando como habíamos previsto y si está produciendo los resultados deseados.

— Integrar los cambios en las normas de la organización. Deberíamos preguntarnos a nosotros mismos:

– ¿Se están produciendo los resultados planeados del cambio?

– ¿Qué aspectos del cambio no se han ajustado a las expectativas?

– ¿Qué podemos hacer para que esos aspectos mejoren?

— Hacer los ajustes necesarios para corregir problemas y asegurar el éxito a largo plazo.

• Como líderes que somos, se espera de nosotros que demos ejemplo de respuestas apropiadas al cambio. Otros miembros de la organización nos miran para ver cómo reaccionamos al cambio en el lugar de trabajo. Si parecemos preocupados o estresados por él, sus propios miedos se reforzarán. Tenemos que acordarnos de mantener bajo control nuestras acciones y actitudes.

• No olvidemos nunca que, por lo general, la mayor parte de las personas se resistirá al cambio, al menos hasta cierto punto, y que se inclinará por volver a sus antiguos hábitos y prácticas a la menor oportunidad.

- Los directivos siempre deben permanecer alerta ante la necesidad de hacer cambios y estar preparados para aceptarlos; además, deben inculcar en su personal la flexibilidad necesaria para aceptar dichos cambios e incluso para trabajar con entusiasmo en pro de que tengan éxito.

Apéndice A

Sobre Dale Carnegie

Dale Carnegie fue un pionero de lo que ahora se conoce como el movimiento del potencial humano. Sus enseñanzas y libros han ayudado a personas de todo el mundo a tener confianza en sí mismas y a ser agradables e influenciables.

En 1912, Dale Carnegie ofreció su primer curso en una conferencia pública en una YMCA de Nueva York. Como en la mayoría de conferencias públicas de aquella época, Carnegie empezó la charla con una clase teórica, pero pronto se dio cuenta de que los miembros de la clase parecían estar aburridos e inquietos. Tenía que hacer algo.

Dale dejó de hablar y, tranquilamente, señaló a un hombre de la última fila y le pidió que se levantara y hablara de manera improvisada sobre su pasado. Cuando el estudiante terminó, le pidió a otro que hablara de sí mismo, y así hasta que todos los presentes intervinieron. Gracias a los ánimos de sus compañeros de clase y a las orientaciones de Dale Carnegie, cada uno de ellos superó su miedo y pronunció charlas satisfactorias. «Sin saber lo que estaba haciendo, hallé el mejor método para conquistar el miedo», declaró Carnegie posteriormente.

Sus cursos se hicieron tan populares que fue invitado a ofrecerlos en otras ciudades. A medida que transcurrieron los años, mejoró el contenido del curso. Descubrió que los estudiantes estaban interesados sobre todo en aumentar la confianza en ellos mismos, en mejorar sus relaciones interpersonales, en triunfar en sus profesiones y en superar el miedo y la preocupación. A raíz de ello, modificó el curso para tratar sobre estos asuntos en lugar de centrarse en hablar en público. Estas charlas se convirtieron en los medios hacia un fin en vez de una finalidad en sí misma.

Además de lo que aprendió de sus estudiantes, Carnegie participó en una amplia investigación sobre la manera de abordar la vida de hombres y mujeres triunfadores, y lo incorporó en sus clases. Esto le llevó a escribir su libro más famoso, *Cómo ganar amigos e influir sobre las personas*.

Este libro se convirtió de inmediato en un best seller y desde su publicación en 1936 (y su edición revisada en 1981) se han vendido más de veinte millones de copias y se ha traducido a treinta y seis idiomas. En el año 2002, *Cómo ganar amigos e influir sobre las personas* fue elegido el primer Libro de Negocios del siglo xx. En 2008, la revista *Fortune* lo calificó como uno de los siete libros que todo líder debería tener en su biblioteca. Otro libro del autor, *Cómo dejar de preocuparse y empezar a vivir*, escrito en 1948, también ha vendido millones de copias y se ha traducido a veintisiete idiomas.

Dale Carnegie murió el 1 de noviembre de 1955. La necrológica de un periódico de Washington resumió su contribución a la sociedad del siguiente modo: «Dale Carnegie no resolvió ninguno de los misterios profundos del universo pero, quizás, más que nadie de su generación, ayudó a los seres humanos a aprender a relacionarse, y a veces es una de las necesidades más importantes».

Sobre Dale Carnegie & Associates, Inc.

Fundado en 1912, el Curso de Dale Carnegie evolucionó desde la creencia de un hombre en el poder de la autosuperación hasta una empresa de formación, con oficinas en todo el mundo, centrada en la actuación de las personas. Su objetivo es ofrecer a los empresarios la oportunidad de perfeccionar sus habilidades y mejorar su actuación a fin de obtener resultados positivos, firmes y provechosos.

El cúmulo de conocimiento original de Dale Carnegie se ha ido actualizando, ampliando y refinando a lo largo de casi un siglo de experiencias de la vida real. Las ciento sesenta franquicias de Dale Carnegie repartidas por todo el mundo utilizan sus servicios de formación y consulta con empresas de todos los tamaños y de todos los ámbitos para mejorar el aprendizaje y la actuación. El resultado de esta experiencia colectiva y global es una reserva en expansión de la visión de negocios en la que confían nuestros clientes para impulsar sus resultados empresariales.

Con su sede central en Hauppauge, Nueva York, el Curso de Dale Carnegie se halla en los cincuenta estados de Estados Unidos y en otros setenta y cinco países. Más de 2.700 instructores presentan sus programas en más de 25 idiomas. El Curso de Dale Carnegie se dedica a servir a la comunidad de empresarios de todo el mundo. De hecho, aproximadamente siete millones de personas lo han realizado.

El Curso de Dale Carnegie destaca los principios y procesos prácticos mediante el diseño de programas que ofrecen a las personas el conocimiento, las habilidades y la práctica que necesitan para aumentar el valor de sus empresas. Por su fusión de soluciones demostradas con desafíos reales, el Curso de Dale Carnegie es reconocido internacionalmente como la formación líder encargada de sacar lo mejor de las personas.

Entre las personas graduadas en estos programas se encuentran directores de las mayores empresas, propietarios y directivos de empresas de todos los tamaños y de todas las actividades comerciales e industriales, líderes del gobierno e innumerables individuos cuyas vidas han mejorado notablemente a raíz de esta experiencia.

En una encuesta mundial sobre la satisfacción del cliente, el 99 % de los graduados en el Curso de Dale Carnegie están satisfechos con la formación que reciben.

Sobre el editor

Este libro fue compilado y editado por el doctor Arthur R. Pell, que fue asesor de Dale Carnegie & Associates durante veintidós años y fue elegido por la empresa para editar y actualizar el libro *Cómo ganar amigos e influir sobre las personas*. También es el autor de *Enrich Your Life, the Dale Carnegie Way* y escribió y editó *The Human Side*, un artículo mensual de Dale Carnegie que se publicó en 150 revistas comerciales y profesionales.

Es autor de más de cincuenta libros y de cientos de artículos sobre gerencia, relaciones humanas y autosuperación. Además de sus propios escritos, el doctor Pell ha editado y revisado libros clásicos acerca del potencial humano, tales como *Piense y hágase rico*, de Napoleon Hill; *El poder de la mente subconsciente*, de Joseph Murphy; *Como un hombre piensa así es su vida*, de James Allen; *El sentido común*, de Yoritomo Tashi, y obras de Orison Swett Marden, Julia Seton y Wallace D. Wattles.

Apéndice B

Los principios de Dale Carnegie

Ser una persona más amigable

1. No criticar, condenar o quejarse.
2. Demostrar aprecio honesto y sincero.
3. Despertar en la otra persona un deseo impaciente.
4. Estar verdaderamente interesados en los demás.
5. Sonreír.
6. Recordar que el nombre de una persona es para ella el sonido más dulce en cualquier idioma.
7. Saber escuchar. Animar a los demás a hablar de sí mismos.
8. Hablar en términos de los intereses de los demás.
9. Hacer que los demás se sientan importantes, y hacerlo con sinceridad.
10. A fin de sacar lo mejor de una discusión, evítala.
11. Respetar la opinión de los demás. Nunca decirle a una persona que está equivocada.
12. Si uno está equivocado, debe admitirlo rápidamente y con empatía.
13. Empezar de manera amigable.
14. Conseguir que la otra persona nos diga que «sí» inmediatamente.
15. Dejar que los demás hablen más que nosotros.
16. Permitir que la persona sienta que la idea es suya.

17. Intentar honestamente ver las cosas desde el punto de vista de la otra persona.
18. Ser comprensivos con las ideas y los deseos de los demás.
19. Apelar a los motivos más nobles.
20. Escenificar nuestras ideas.
21. Lanzar desafíos.
22. Elogiar y apreciar honestamente.
23. Llamar la atención sobre los errores de los demás indirectamente.
24. Hablar sobre los propios errores antes de criticar a los demás.
25. Preguntar en lugar de dar órdenes.
26. Permitir que la otra persona salve las apariencias.
27. Elogiar siempre cualquier mínima mejora. Ser «calurosos con nuestra aprobación y generosos con los elogios».
28. Ofrecer a la otra persona una buena reputación a la que aspirar.
29. Dar ánimos. Hacer que los defectos parezcan fáciles de corregir.
30. Lograr que los demás estén contentos de hacer lo que les pedimos.

Principios fundamentales para superar la preocupación

1. Vivir en «compartimentos estancos al día».
2. Cómo enfrentarse a los problemas:
   - Preguntarse: «¿qué es lo peor que me podría ocurrir?».
   - Prepararse para aceptar lo peor.
   - Tratar de mejorar lo peor.
3. Recordarse a uno mismo el precio desorbitante que se puede pagar por la preocupación en términos de salud.

Técnicas básicas para analizar la preocupación

1. Conseguir todos los datos.
2. Sopesarlos y tomar una decisión.

3. Una vez tomada la decisión, actuar.
4. Anotar y responder las siguientes preguntas:
   - ¿Cuál es el problema?
   - ¿Cuáles son las causas del problema?
   - ¿Cuáles son las posibles soluciones?
   - ¿Cuál es la mejor solución posible?
5. Acabar con el hábito de preocuparse antes de que éste acabe con nosotros.
6. Mantenerse ocupado.
7. No preocuparse por pequeñeces.
8. Usar la ley de la probabilidad para eliminar nuestras preocupaciones.
9. Cooperar con lo inevitable.
10. Decidir cuánta ansiedad merece una cosa y negarse a darle más.
11. No preocuparse por el pasado.
12. Cultivar una actitud mental que nos aporte paz y felicidad.
13. Llenar nuestra mente de pensamientos de paz, coraje, salud y esperanza.
14. Nunca intentar vengarnos de nuestros enemigos.
15. Esperar ingratitud.
16. Hacer un recuento de nuestras ventajas, no de nuestros problemas.
17. No imitar a los demás.
18. Intentar beneficiarse de las propias pérdidas.
19. Hacer felices a los demás.

Índice

¿Qué implica ser un verdadero líder? ¿Cómo podemos aumentar la eficacia, resolver los conflictos y, a la vez, motivar y guiar a las personas que están a nuestro cargo? El mundo actual nos exige que seamos cada vez más eficaces, más productivos y que encontremos maneras más rentables de producción o de servicio. El objetivo principal de cualquier empresario que desee triunfar debe consistir en encontrar un equilibrio entre su papel como líder y como manager. Debemos ser justos, coherentes y fuertes; crear una visión en común y cultivar la colaboración y comunicación con nuestros socios. El éxito dependerá, en gran medida, de nuestra capacidad de enfrentarnos a desafíos, tratar con personas problemáticas y resolver conflictos. Este libro analiza estos y otros aspectos del liderazgo y ofrece estrategias que nos ayudarán a mejorar la productividad y crecer en nuestra profesión. Una guía para escoger entre miles de alternativas en tu camino hacia el éxito.

CÓMO TENER
RELACIONES PERSONALES
GRATIFICANTES

Algunas personas son tan carismáticas, brillantes, alegres y atractivas que no les hace falta forzar, y ni siquiera pedir, que las dejen entrar en ningún sitio. El magnetismo personal no es necesariamente un don innato. Cualquiera que realmente desee desarrollar una personalidad cálida, abierta y cordial puede lograrlo, dominando las técnicas descritas en este libro. Dale Carnegie y sus sucesores de Dale Carnegie & Associates, Inc. tienen más de 90 años de experiencia en ayudar a personas de todas las edades a progresar en su carrera y a enriquecer su vida. Este libro se basa en sus enseñanzas.

Entre las capacidades que adquirirás con este libro están:

- Cómo convertirte en una persona carismática.
- Cómo encontrar nuevas amistades y mantener las antiguas.
- Cómo crear un ambiente cooperativo, colaborador y colegial.
- Cómo inspirar confianza.
- Cómo evaluar y comprender la personalidad de otros a fin de relacionarte de forma más eficaz.
- Cómo vender tus ideas, conceptos y sugerencias en el trabajo, en el trato con la familia, los amigos y las demás personas.
- Cómo mostrar el desacuerdo sin resultar desagradable.

Todo un manual para conseguir carisma